tredition

Druck und Distribution im Auftrag der Autorin:

tredition GmbH, Heinz-Beusen-Stieg 5, 22926 Ahrensburg, Deutschland

tredition GmbH, Abteilung "Impressumservice", Heinz-Beusen-Stieg 5, 22926 Ahrensburg, Deutschland.

Kontaktadresse nach EU-Produktsicherheitsverordnung:

impressumservice@tredition.com

Für die Soziale Arbeit und für all die, die nicht die Möglichkeit haben, einfach so ihrer Realität zu entschwinden.

Für mehr Aufmerksamkeit für die alltäglichen Kämpfe, die Sorgen, die Unsicherheiten. Denn hinter jedem schwierigen Moment steckt mehr, als man auf den ersten Blick erkennt.

Dieses Buch möchte dazu beitragen, dass solche Geschichten nicht mehr im Schatten bleiben und vielleicht ein bisschen mehr Verständnis entsteht.

Julia Winkler

Nirgends ganz

Inhaltsverzeichnis

Vorwort

„Triggerwarnungen, weil durchaus notwendig."

Dieses Buch ist ein Werk der Fiktion, eine künstlerische und literarische Interpretation basierend auf allgemeinen Erfahrungen aus der Arbeit und gleichzeitig der Fantasie.

Die dargestellten Szenarien und Erlebnisse sind nicht als genaue Wiedergabe realer Fälle zu verstehen, sondern spiegeln extreme, aber mögliche Situationen wider, die in ähnlichen Kontexten auftreten könnten.

Die Entscheidung, ein solches Thema in einem fiktionalen Kontext zu behandeln, dient dazu, einen allgemeinen Eindruck von der Tiefe und Tragweite dieser Erfahrungen zu vermitteln und auf die komplexen, oft unsichtbaren Herausforderungen aufmerksam zu machen, die im Kontext der Inobhutnahme von Kindern und Jugendlichen auftreten. Denn diese Herausforderungen betreffen nicht nur die Jugendlichen selbst, sondern auch die Einrichtungen und Fachkräfte, die sich mit den emotionalen, psychischen und oft auch physischen Folgen von belastenden Erfahrungen auseinandersetzen müssen.

Es geht darum, Empathie und Verständnis für Menschen in schwierigen Lebenslagen zu entwickeln und zu erkennen, dass soziale Probleme vielschichtig und oft von individuellen Schicksalen geprägt sind.

Zudem lädt die Autorin die Lesenden dazu ein, über die gesellschaftlichen Fragen nachzudenken, die das Thema aufwirft.

Wie etwa die Verantwortung der Gesellschaft im Umgang mit diesen verletzlichen Menschen und die Notwendigkeit einer Reform der Unterstützungssysteme.

Vorab soll auf mögliche belastende Inhalte hingewiesen werden. Einige Passagen könnten für die Lesenden emotional herausfordernd sein. Diese Erlebnisse und Geschichten sind nicht ohne, aber das Ziel ist es, den Schmerz und die Belastungen, die viele Jugendliche und Fachkräfte erfahren, spürbar zu machen.

Die Erzählung enthält dramatische, aber auch hoffnungsvolle und schöne Momente.

Die Geschichte thematisiert folgende Aspekte:

1. **Gewalt in der Familie** - körperlicher, emotionaler oder psychischer Missbrauch.
2. **Vernachlässigung** - mangelnde Fürsorge durch Erziehungsberechtigte.

3. **Prostitution von Minderjährigen** - direkte oder indirekte Erwähnung von Ausnutzung und Ausbeutung.
4. **Drogenmissbrauch** - Darstellung oder Erwähnung von Drogenkonsum bei Jugendlichen oder im familiären Umfeld.
5. **Alkoholmissbrauch** - problematischer Alkoholkonsum, insbesondere in Familien.
6. **Selbstverletzung** - Erwähnung oder Beschreibung von selbstverletzendem Verhalten.
7. **Traumata** - allgemeine oder spezifische Traumata durch Gewalt, Vernachlässigung oder Missbrauch.
8. **Angstzustände und Panikattacken** - Erwähnung von psychischen Gesundheitsproblemen, wie z. B. schwere Angstzustände.
9. **Heim- oder Fremdunterbringung** - Verlust des Zuhauses und der Eltern und die emotionale Belastung, die damit einhergeht.
10. **Elternkonflikte** - destruktive Beziehung zwischen den Erziehungsberechtigten.
11. **Ablehnung durch die Familie** - Themen wie Verstoßung oder emotionale Distanz der Familie gegenüber dem Kind.

Lies das Buch deswegen am besten in kleinen Häppchen, tausche Dich viel mit anderen darüber aus (oder notiere Deine Gedanken am Ende des Buches auf den Notizseiten) und sieh dir begleitende Dokumentationen und Filme an, um dir passende Bilder dazu zu holen.

Wenn Du Probleme mit Deinen Eltern hast, oder jemanden kennst, dem oder der es so geht, wende Dich an Dein ortsansässiges Jugendamt, das steht Dir mit Rat und Tat zur Seite.

Einleitung

Emilia

Ich starre auf die Scherben am Boden, mein Herz schlägt bis zum Hals. Die Vase – ich weiß nicht mal, wie sie mir aus der Hand gerutscht ist. Es war nur ein kleiner Ruck, und dann hörte ich das laute Klirren, das jetzt noch in meinen Ohren nachhallt.

„Was hast du gemacht?!" Die Stimme meiner Mutter schneidet durch die Luft wie ein Messer. Sie steht in der Tür, die Augen auf die Scherben gerichtet, als wäre etwas unersetzlich Wertvolles zerstört worden.

„Es tut mir leid, Mama. Es war ein Versehen," beginne ich, doch sie unterbricht mich sofort.

„Ein Versehen? Ein Versehen?! Das sagst du immer, wenn du etwas kaputt machst!" Sie geht einen Schritt auf mich zu, ihre Augen blitzen wütend, als sei ich das Schlimmste, was in ihrem Leben passiert ist. Sie wird immer lauter und kommt mir gruselig nah: „Du bist so ungeschickt! Kannst du nicht einmal aufpassen?" Sie hebt die Hand vor mir, als würde sie mir eine Schelle geben wollen.

„Ich wollte sie nur kurz abstauben …", versuche ich zu erklären, aber es bringt nichts. Sie hört mir nicht zu, sie hat schon entschieden, dass ich schuld bin.

„Das ist nicht dein Ernst." Sie senkt die Hand wieder, aber ihre Stimme ist nun eiskalt, voller Abscheu. „Diese Vase hat ein Vermögen gekostet. Aber dir ist das ja egal, oder? Du hast ja keine Ahnung, wie viel Arbeit es ist, für solche Sachen zu schuften!" „Du chillst ja nur den ganzen Tag und wirfst dein Geld für Drogen raus."

Ich will etwas erwidern, aber ich kann nicht und bleibe stumm. Klar, ich hätte vorsichtiger sein sollen, aber es ist doch kein Weltuntergang. Trotzdem stellt sie es so dar, als wäre ich der schlimmste Mensch auf Erden.

„Du denkst nie nach! Immer machst du alles kaputt, du bist zu nichts zu gebrauchen!" Ihre Worte sind scharf wie Nadeln, jedes sticht tiefer. „Weißt du, wie peinlich es ist, dass du nicht mal so etwas Einfaches hinkriegst?"

Die Tränen schießen mir in die Augen, aber ich will nicht vor ihr weinen, mir nicht die Blöße geben, das habe ich schon zu oft. Nicht jetzt. „Es war doch nur eine Vase…", flüstere ich, aber kaum sind die Worte ausgesprochen, bereue ich sie.

„Nur eine Vase?" Sie lacht kalt auf. „Du hast absolut keine Ahnung, oder? Natürlich ist es dir egal. Du musst auch nie die Konsequenzen tragen! Ich bin diejenige, die ständig alles reparieren muss, alles ersetzen muss - weil du nicht aufpassen kannst!"

Es ist, als ob jedes Wort von ihr mich weiter in den Boden drückt. Ich will sagen, dass es mir leidtut, dass es wirklich ein Versehen war, aber in diesem Moment weiß ich, dass es egal ist, was ich sage. Sie ist wütend, und in ihrer Wut gibt es keinen Platz für Entschuldigungen.

„Weißt du was? Ich habe es satt, immer deine Fehler auszubügeln. Irgendwann musst du mal erwachsen werden und Verantwortung übernehmen. Aber offensichtlich bist du noch weit davon entfernt."

Meine Worte bleiben mir im Hals stecken. Egal, was ich jetzt sagen würde, es wäre falsch. Sie dreht sich um und verlässt den Raum, und ich stehe da, allein, mit den Scherben zu meinen Füßen, fühlend, als wäre ich selbst in tausend Stücke zerbrochen.

Meine Tränen fallen zu den Scherben auf den Boden, während ich sie einsammle und in meine Handtasche stopfe, um sie schnellstmöglich aus meinem Sichtfeld zu entfernen.

Ich gehe aus dem Haus, meine Mutter würdigt mich keines Blickes mehr.

Der Zug ruckelt, während er sich durch die Vororte schiebt. Ich lehne den Kopf ans Fenster, spüre das Vibrieren des Glases an meiner Schläfe und sehe hinaus. Reihenhäuser, leergefegte Spielplätze, Graffiti auf Lärmschutzwänden - immer dieselbe Strecke, immer dieselben Bilder. Und doch fühlt sich jeder Morgen anders an. Manche Tage beginnen mit einem Kloß im Hals, andere mit einer resignierten Müdigkeit. Andere höchst motiviert. Heute ist es irgendetwas dazwischen. Ich hatte nun zwei Wochen Urlaub. Es war privat viel los. Zwei Wochen reichen dann oft gar nicht, um richtig zu regenerieren.

Ich nehme meinen Thermobecher, nippe daran und verziehe das Gesicht. Lauwarm. Zu lange ist die Zugfahrt schon.

Mein Handy vibriert. Ich ziehe es aus meiner Tasche, entsperre den Bildschirm. Eine Nachricht von Anna, meiner Kollegin aus dem Nachtdienst, die ich gleich ablösen werde: Eine weitere Kollegin ist krank und wird heute nicht kommen. Bedeutet, ich bin den Vormittag über allein … Ich seufze leise und tippe eine knappe Antwort. „Bin gleich da." Dann lasse ich das Handy in die Tasche gleiten und betrachte mein Spiegelbild im Fensterglas. Ich sehe müde aus, kein Wunder, ich hatte viel zu verkraften die letzten zwei Wochen. Meine Tante ist nach kurzer, aber schwerer Krankheit im Krankenhaus verstorben. Jetzt in die Arbeit zu gehen und sich mit anderen Problemen, statt meinen eigenen zu beschäftigen, fühlt sich nur halb gut an, aber irgendwann muss es ja weiter gehen. Eine Träne rollt über meine Wange. Ich setze meine Kopfhörer auf und starte eine Playlist, die ich seit Jahren höre, wenn ich mich sammeln muss. Für einen Moment bin ich allein mit meinen Gedanken. Die Menschen um mich herum verschwimmen, Gesichter, die ich nicht kenne, Gespräche, die mich nicht betreffen. Der Technobeat durchströmt meinen Körper.

Als der Zug wenig später in den Bahnhof einfährt, atme ich tief durch und schiebe die Gedanken beiseite. Ich greife nach meinem Rucksack und steige aus.

Vom Bahnhof aus laufe ich nur noch kurz, denn wir sind mit unserer Einrichtung mitten im Bahnhofsviertel.

~

Ich halte meine Chipkarte an die Tür, sie springt automatisch auf. Der Wachdienst nickt mir grüßend zu. Ich schaue nach hinten in den langen Flur. Das Gebäude ist wie ein Schlauch aufgebaut und immer zur Seite weg, gehen dann die einzelnen Gruppen. Jeder Flur, und damit jede Gruppe, ist mit einer Tür abgetrennt, die nur vom Betreuungspersonal geöffnet werden kann. Es erinnert mich schon immer etwas an ein Gefängnis, denn ohne unsere Chipkarte, sind wir hier aufgeschmissen.

Direkt am Eingang zum ersten Flur begegnen mir schreiende Kinder und eine zerschlagene Scheibe, die gab es auch schon vor meinem Urlaub. Ob sie wohl zwischenzeitlich mal repariert war?

Ich ziehe meine Rucksackträger enger und atme tief durch, ich gehe einen Gang weiter. Hier begegnet mir ein syrischer Junge, er zeigt mir, dass er neue Schuhe bräuchte, seine wären kaputt. Ich versuche ihm mit der Übersetzer-App auf meinem Handy zu erklären, dass ich nicht für ihn zuständig bin und er die Betreuer*innen aus seiner Gruppe fragen muss. Er will, oder kann es nicht verstehen. Er schaut mich mit einer Mischung aus Verzweiflung und Wut an und schlägt mir die Tür vor der Nase zu.

Ich gehe nochmal weiter. Mir begegnet ein 13-jähriger Junge. Er fuchtelt mit einem Stock vor meinem Gesicht und schreit mich direkt an. „Was macht die blöde Nutte wieder hier? Du dumme Nutte, verpiss dich. Dich will sowieso keiner hier haben. Dich mag sowieso keiner.“

„Was eine nette Begrüßung“, denke ich mir nur und mache die Tür zu meiner Gruppe auf.

Ich gehe ins Büro und schließe die Tür hinter mir.

Wie ich, sieht auch meine Kollegin müde aus, begrüßt mich aber dennoch herzlich. Warme Heizungsluft erwartet mich.

Wir haben einen kleinen Raum, mit einem großen Fenster und zwei Schreibtischen. Meistens liegt viel zu viel Kram auf den Tischen, sodass ich mir erstmal meinen Schreibtisch für den heutigen Tag zurechtmache. Ich brauche die Ordnung, denn wenn ich die Ordnung hier nicht habe, dann kann ich sie auch im Kopf nicht haben. Mein nächster Weg geht zur Kaffeemaschine. Ich schnappe mir meine Lieblingstasse und drücke auf Start. Der angenehme Duft verteilt sich im Raum.

Mit der gefüllten Tasse setze ich mich an den Schreibtisch, nehme noch einen kleinen Schluck von dem noch viel zu heißen Kaffee, zücke mein Notizbuch und wir beginnen mit der Übergabe.

Meine Kollegin versucht gleichzeitig die letzten zwei Wochen, aber auch die vergangene Nacht zusammenzufassen.

Sie erzählt davon, dass gerade eine Krankheitswelle herumgeht. Sowohl Mitarbeitende als auch die Jugendliche liegen überwiegend flach. Es gibt diverse

Dienstausfälle. Dementsprechend ist einiges an Papierkram liegen geblieben.

Mir wird erzählt von einer Jugendlichen, die heute Nacht den Feueralarm mit ihrem Deo ausgelöst hat, weswegen gegen 02:00 Uhr nachts das ganze Haus geräumt werden musste. Nach dem Alarm haben mehrere Jugendliche den Moment genutzt und haben die Nacht zum Tag gemacht, sie wollten nicht mehr schlafen gehen und haben Party auf ihrem Zimmer gemacht. Es hat einiges an Zeit gebraucht, die Meute zu bändigen.

Sie erzählt von einem Anruf der Polizei heute Nacht, die eine Gruppe geflüchteter Menschen aufgegriffen hat, darunter einige allein reisende Jugendliche. Diese wurden dann allesamt in unserer Partnergruppe für Geflüchtete aufgenommen.

Sie berichtet von einer Neuaufnahme. Ein Mädchen, welches gestern Nacht von daheim weggelaufen ist und Hilfe suchend vor unserer Tür stand. Meine Kollegin gähnt, während sie zu Ende erzählt. Sie sieht fertig aus, es war eine anstrengende Nacht. Sie muss sich jetzt erstmal daheim hinlegen, denn heute Abend hat sie schon wieder Nachtdienst.

Sie geht und ich bleibe allein zurück im Büro.

~

Ich sehe in mein Notizbuch, ein ToDo reiht sich an das nächste. Ich muss mich nun erstmal sortieren, wo ich anfange.

Es ist Wochenende, das heißt alle schlafen noch, oder sind eben auch krank, eine gute Zeit, um all den Haushaltskram zu erledigen, bevor ich wahrscheinlich mit Jugendlichen-Anfragen überrollt werde.

Ich nippe an meinem mittlerweile kalt gewordenen Kaffee und versuche mir erstmal irgendwie einen Überblick zu verschaffen.

Ich mache eine Runde durch alle Zimmer, um zu sehen, ob alle da sind und um ihnen hallo zu sagen.

Es ist eigentlich noch alles wie vor meinem Urlaub. Obwohl wir nur eine Übergangseinrichtung sind, wurde für keine*n der Jugendlichen in der Zwischenzeit eine alternative Einrichtung gefunden. Nur einer ist weg, der ist jetzt aber im Gefängnis. Ob das besser ist, weiß ich auch nicht.

Wir haben da immer noch das Mädchen, welches wir vor einer schwer alkoholabhängigen Mutter gerettet haben, das aber eigentlich auch immer noch zur Mutter will und dies nur nicht darf.

Wir haben das Mädchen, welches wir aus der Prostitution gerettet haben.

Der Junge, der seine Mutter geschlagen hat und seine Familie dadurch gefährdet.

Das Mädchen, deren Mutter und Vater beide gleichzeitig ins Gefängnis gekommen sind und sie keine anderen Verwandten hat.

Und noch einige mehr. Mittlerweile so viele, dass man manchmal den Überblick verliert, wer welche Vergangenheit hat.

~

Ich kehre wieder ins Büro zurück und lasse mir meinen zweiten Kaffee des Tages heraus. Eigentlich bin ich kein Fan von Vorurteilen, aber das Vorurteil, dass Sozialpädagog*innen viel Kaffee trinken, das trifft wohl vollkommen auf mich zu. Ich halte die warme Tasse in beiden Händen und sehe aus dem Fenster, sehe das bunte Laub von den Bäumen segeln. Ein Eichhörnchen klettert einen Baum hinauf.

Der restliche Tag bleibt dann ruhig, die Jugendlichen sind geplättet von der Party gestern Nacht und einfach noch zu angeschlagen. Ich kann die Ruhe wirklich genießen, denn ruhig ist es hier selten, das wirst Du im Folgenden sehen.

Kapitel 1 - Emilia

„Manchmal ist der größte Mut, sich endlich einzugestehen, dass man nicht länger bleiben kann."

Mein einziger Zufluchtsort in solchen Momenten ist der nah gelegene Jugendtreff. Die Betreuer*innen dort sind nett und ich fühle mich dort so viel wohler als bei meinen Eltern. Klar bin ich nicht immer einfach, aber so, wie meine Mutter vorhin reagiert hat, das kann ich einfach nicht länger ertragen. Ich ziehe meine Kapuze etwas tiefer in mein Gesicht, dass die Leute nicht meine verweinten Augen sehen können, und laufe schnellen Schrittes in die Computer-Ecke. Hier stehen in gemütlicher Atmosphäre vier Computer, die von allen Jugendlichen frei genutzt werden können.

Es ist ein großes Glück, dass es hier diese Computer gibt. Mama und Papa erlauben mir nämlich keinen Computer, sie sagen, ich wäre noch zu jung dafür, und seitdem ich einmal ein T-Shirt meiner Lieblingsband auf Mamas Kreditkarte bestellt habe, ohne vorher zu fragen, darf ich auch nicht mehr an den Computer von Mama und Papa. Sie sagen, ich würde da ja auch nur dumme Dinge anschauen und Sachen bestellen, die keiner braucht.

Ich kuschele mich in den gemütlichen Sessel und scrolle etwas im Internet, ich schaue nach

Hilfsangeboten für Jugendliche, die nicht mehr mit ihren Eltern leben wollen, denn ich habe einen Entschluss gefasst. Ich kann nicht mehr daheimbleiben.

Ich finde eine Telefonnummer des Jugendamtes. Um dort anzurufen, habe ich aber zu viel Angst und sie haben gar nicht mehr geöffnet.

Nach noch mehr Suchen finde ich ein Kontaktfeld von einer Einrichtung, die angibt, rund um die Uhr erreichbar zu sein und Kindern und Jugendlichen zu helfen. „Das hört sich doch genau nach dem an, was ich suche.“, denke ich mir und fühle mich etwas erleichtert, dass es so eine Option überhaupt gibt.

Ich sehe mich um, überall laufen hier Jugendliche herum. Ich komme ins Nachdenken: all diese Jugendlichen haben bestimmt tolle Familien und ich sitze hier und will nicht mehr nach Hause. Das Leben ist so unfair, ich will doch einfach nur nette Eltern haben.

Ich widme mich wieder meinem Bildschirm. Man kann hier scheinbar mit der Einrichtung chatten, dafür braucht man aber eine E-Mail-Adresse, dass sie einem antworten können. Ich lege mir also extra dafür eine eigene an, denn die darf ich eigentlich auch nicht haben. Ich schreibe hektisch drauflos, da ich Angst habe, dass jemand bemerkt, was ich hier mache:

Betreff:

Bitte um Hilfe

Hallo,

mein Name ist Emilia und ich bin 13 Jahre alt.

Ich habe lange mit mir gekämpft, aber ich muss es jetzt endlich tun. Ich kann nicht mehr bei meiner Familie bleiben.

Ich weiß nicht mehr, was ich machen soll. Ich kann das nicht mehr aushalten. Zu Hause ist es einfach nur noch schlimm. Meine Eltern schreien mich die ganze Zeit an, und ich habe so Angst. Es ist ständig laut, und wenn ich versuche, mich zu verstecken oder ruhig zu bleiben, wird alles noch schlimmer.

Manchmal packen sie mich fest oder stoßen mich weg, wenn sie sauer sind, und ich weiß gar nicht, was ich falsch gemacht habe. Ich versuche, alles richtigzumachen, aber es ist nie genug. Ich habe ständig Bauchschmerzen vor Angst, dass sie wieder wütend werden. Ich kann das alles nicht mehr!

Ich darf oft nicht raus und meine Freunde sehen. Sie sagen, ich sei faul oder undankbar, obwohl ich einfach nur Ruhe haben will. Ich weine oft, aber es hilft nichts, sie hören mir nicht zu. Ich weiß nicht, an wen ich mich sonst wenden soll. Bitte, ich will einfach nur weg von hier!

Ich habe niemanden, dem ich das so richtig sagen kann, deshalb schreibe ich euch diese Nachricht. Ich hoffe, ihr könnt mir helfen, dass ich nicht mehr zu Hause wohnen muss.

Bitte helft mir. Ich habe solche Angst, dass es noch schlimmer wird, wenn ich bleibe. Ich weiß nicht mehr, was ich tun soll. Bitte meldet euch schnell.

Liebe Grüße

Emilia

Jugendtreff Sonnenstrahl

Dietmeier Str. 17

Während ich das tippe, kullern mir die Tränen die Wangen runter. Es kostet mir so unfassbar viel Überwindung. Je mehr ich schreibe, umso mehr fällt mir ein, was mir daheim Angst bereitet und weswegen ich mir ein künftiges Leben bei meiner Familie nicht mehr vorstellen kann. Ich tippe auf Senden.

Ich habe so große Angst, was nun passiert.

Wird sich überhaupt jemand bei mir melden? Oder steht sofort die Polizei bei meinen Eltern vor der Tür und nimmt sie fest? Werde ich meine Eltern nie mehr sehen?

Ich habe keine Ahnung, welches Ausmaß so eine Nachricht haben kann. Noch nie habe ich mitbekommen, dass jemand sich an so eine Einrichtung gewendet hat. Eigentlich müsste ich jetzt warten, ob eine Antwort kommt, aber ich kann den Druck nicht ertragen. So schnell ich kann, verlasse ich den Jugendtreff. Hoffentlich hat das keiner gesehen, dass ich am Computer war. Ich muss erstmal eine Runde um den Block gehen, um wieder einen freien Kopf zu bekommen.

~

Am ersten Mülleimer, der mir begegnet, entleere ich meine Tasche, die Scherben müssen jetzt einfach weg. Eine Scherbe bleibt an einem Faden hängen, ich schüttele kurz, sie bleibt einfach da. „Ist mir jetzt auch egal, dann ist da halt noch eine Scherbe, ich habe dafür keine Kraft, die jetzt herauszuzerren.“, denke ich mürrisch.

Ich entferne mich etwas vom Jugendtreff. Es ist kalt, der Wind peitscht mir ins Gesicht.

Ich habe nun die Nachricht abgeschickt – es ist endgültig. Jetzt bleibt mir nichts anderes übrig, als abzuwarten.

Eigentlich sollte ich mich erleichtert fühlen, aber stattdessen spüre ich nur Angst. Was, wenn sie mich nicht ernst nehmen? Die Nachricht vielleicht gar nicht beantwortet wird. Oder wenn sie es tun und alles nur schlimmer wird? Oder wenn ich jetzt nicht mehr zurückschreibe, die Nachricht einfach im Sande verläuft?

Ich laufe in Richtung des nahegelegenen Parks. Der Kies unter meinen Füßen knirscht, der Park ist wie immer menschenleer. Meine Gedanken springen zurück zur Nachricht und dann weiter zu meinem Leben. Wie es aktuell ist, aber auch, wie es früher war. Ich kann mich gar nicht mehr so genau erinnern, wie alles angefangen hat, aber eigentlich war es nie wirklich gut. Es hat sich nie wirklich ganz angefühlt.

Als Kind dachte ich noch, das sei normal – das ewige Auf und Ab zu Hause, die ständigen Stimmungsschwankungen meiner Eltern. Aber irgendwann habe ich gemerkt, dass etwas anders ist als bei anderen Familien. Bei uns war nie jemand richtig für mich da. Besonders, wenn meine Eltern getrunken haben.

Der Alkohol war bei ihnen schon immer allgegenwärtig. Leere Flaschen auf dem Küchentisch und volle Gläser, die über Nacht verschwunden sind.

Meine Mutter hat oft so getan, als wäre alles in Ordnung, als wüsste sie gar nicht, wie viel sie trinkt. Aber ich habe es gesehen, wie sich ihre Augen trübten, wie sie mich manchmal nicht einmal mehr richtig ansah. Sie ertränkte all ihre Sorgen im Alkohol und das regelmäßig. Denn auch sie hatte keine leichte Kindheit. Aufgewachsen mit drei Geschwistern und einer alleinerziehenden Mutter, die auch schwer alkoholabhängig war. Sie hat es nie anders gelernt.

Und mein Vater … Ja, bei ihm wusste ich immer sofort, wann er zu viel Alkohol hatte. Er wurde laut und wütend. Dann hieß es, ich solle mich fernhalten, bloß nichts Falsches sagen oder tun. Aber egal, wie sehr ich mich bemühte, es reichte nie. Früher oder später griff er nach mir, packte mich zu fest, schüttelte mich. Einmal hat er mich so hart weggestoßen, dass ich gegen die Wand gefallen bin. Und meiner Mutter geht es auch schon immer so, sie konnte sich noch nie gegen Papa wehren.

Jedes Mal habe ich mir geschworen, dass ich es nicht mehr zulassen würde. Aber wie sollte ich etwas ändern? Also habe ich angefangen, abzuhauen. Weg von dem Haus, weg von den Scherben und den Schreien. Es fühlte sich an, als ob ich gar keine andere Wahl hätte.

Anfangs war das Weglaufen nur eine Flucht, ein paar Stunden, um Luft zu holen. Aber dann wurden es Nächte, manchmal ganze Wochenenden. Ich konnte einfach nicht mehr zurück.

Heute ist es immer noch genauso, aber eine Sache ist dazu gekommen.

Die Drogen. Ich schäme mich selbst dafür und weiß, dass es nicht gut ist, dass ich damit angefangen habe, aber sie helfen mir einfach, all den Schmerz zu vergessen. Die ersten Male habe ich es getan, um einfach mal nichts zu spüren. Um nicht an meinen Vater, meine Mutter oder den ganzen Mist zu Hause denken zu müssen. Das Gefühl, alles hinter sich zu lassen, für ein paar Stunden einfach weg zu sein … Es war zu verlockend. Bald habe ich nicht mehr darauf gewartet, dass es mir schlecht geht. Mittlerweile rauche ich quasi jeden Tag etwas. Ich kann nicht mehr ohne.

Ich schaue auf den Boden, sehe meine Füße, wie sie den Kies unter mir zerdrücken. Es war nie geplant, dass ich so weit abrutsche, aber es ist passiert. Ohne dass ich es richtig gemerkt habe, bin ich tiefer in dieses Loch gefallen, und jedes Mal, wenn ich dachte, ich könnte mich herausziehen, wurde es schwieriger. Es gab niemanden, der mich festhielt, niemanden, dem es wirklich aufgefallen ist. Omas und Opas habe ich keine, an die ich mich wenden konnte, sind alle schon früh verstorben. Und Tanten oder Onkel, die das alles bemerken hätten können, gibt es auch keine, unsere Familie ist winzig.

Schon oft habe ich überlegt, ob ich mal jemanden in der Schule anspreche, aber zu groß war die Scham. Keiner kann sich wahrscheinlich vorstellen, was daheim wirklich los ist. Auch alle meine Freund*innen denken, dass bei uns alles gut ist, nach Außen stellen wir immer die heile Familie dar, auch wenn ich nie jemanden einladen kann, da immer irgendwo Alkoholflaschen herumstehen und es meistens total unordentlich ist. Ich schaue einfach immer, dass wir uns außerhalb oder bei den anderen treffen. Sage immer, Papa arbeitet von daheim und braucht Ruhe, deswegen können wir nicht zu mir. Ich habe das immer gut geschafft zu verheimlichen.

Jetzt muss ich da aber raus, ich will nicht selbst auch so enden wie meine Eltern. Ich will diese Spirale durchbrechen und auf eigenen, festen Beinen stehen können, will meinen Kindern irgendwann eine gute Zukunft geben. Ich muss mir jetzt Hilfe holen.

Diese Nachricht ist jetzt vielleicht meine letzte Chance. Es fühlt sich an wie ein Schrei ins Nichts, aber ich musste es einfach versuchen. Irgendjemand muss doch merken, wie kaputt das alles ist. Wie sehr ich versuche, dem zu entkommen, und wie schwer es ist, wenn die Menschen, die eigentlich für dich da sein sollten, die sind, vor denen du am meisten fliehst. Die Gedanken springen nur so durch meinen Kopf.

Ich gehe weiter, der Park wird immer stiller. Die Kälte dringt durch meine dünne Jacke, aber ich bleibe stehen und schaue die kleinen Atmenwölkchen an, die aus meinem Mund kommen, wenn ich ausatme.

Irgendwo da draußen muss es eine Lösung geben. Irgendjemand muss doch sehen, dass ich jeden Tag ein Stück weiter in diese Abwärtsspirale rutsche. Ich fröstele. Es ist einfach zu kalt hier außen, ich laufe wieder in Richtung des Jugendtreffs. Vielleicht hat in der Zwischenzeit schon jemand zurück gechattet.

Kapitel 2 - Kathi

„Es ist verrückt – gerade noch saß ich in Vorlesungen, und jetzt treffe ich Entscheidungen mit so großen Konsequenzen."

Ich rolle meine Matte zusammen und fühle die Entspannung in mir. Das war eine gute Stunde. Auch wenn in meinem Leben gerade zu viel los ist, um komplett abzuschalten, ein bisschen Yoga tut immer gut.

Ich trinke einen großen Schluck aus meiner Wasserflasche und sehe zu, wie sich das Yoga-Studio langsam leert. Ich schaue einer jungen Frau direkt ins Gesicht und sie sieht mich an. Sie scheint mich zu kennen und mir kommt sie auch irgendwie bekannt vor. Sie lächelt und kommt auf mich zu:

„Hi Kathi!! Du hier, wir haben uns ja ewig nicht gesehen." In dem Moment, in dem sie anfängt zu sprechen, begreife ich endlich. Das ist Celina, eine ehemalige Mitschülerin aus dem Gymnasium. Wir haben uns wirklich ewig nicht gesehen. Ich umarme sie herzlich. „Celina, wow, ja, das ist wirklich einige Jahre her. Wie geht es Dir?".

Wir unterhalten uns, während wir unsere Yoga-Taschen schultern. Ihr geht es gut, sie arbeitet jetzt im Marketing bei einem Sportschuhunternehmen. Sie möchte wissen, was ich mittlerweile mache. Ich fange an zu erzählen:

„Ich bin Sozialpädagogin", setze ich an, während wir das Yoga-Studio verlassen. Sie schaut mich fragend an, als wir auf den Gehweg treten.

„Sozialpädagogin, okay ... Und was genau machst du da den ganzen Tag?"

Ich nicke wissend, oft können sich viele wirklich nicht vorstellen, was ich so den Tag über mache. „Viel Verschiedenes. Ich arbeite mit Jugendlichen, die aus schwierigen familiären Verhältnissen kommen, und versuche, ihnen zu helfen, ihre Probleme zu bewältigen und für eine bessere Perspektive zu sorgen. Wenn alle anderen Auffangnetze nicht ausreichen, dann sind wir da."

„Oh wow, das hört sich wirklich krass an, ich glaube, ich könnte das nicht!" Celina sieht mich erstaunt an. Auch nun kann ich wieder nur wissend nicken. „Ja, das höre ich oft, es ist wirklich eine Arbeit, die einem etwas abverlangt, aber sie gibt mir auch grade wahnsinnig viel, ich mache das schon gerne. Und um damit gut zurechtzukommen, mache ich eben solche Dinge wie hier einmal die Woche zum Yoga zu gehen."

Sie deutet an, abbiegen zu müssen. Wir verabschieden uns wieder. Ich mache mich auf den Heimweg, denn langsam muss ich anfangen, mich für die Arbeit fertig zu machen.

~

Bevor es aber wirklich zur Arbeit geht, brauche ich dann immer nochmal ein paar ruhige Minuten nur für mich. Ich setze mich mit einer Tasse Kaffee an den Küchentisch und schaue aus dem Fenster. Diese kurze Pause hilft mir, den Kopf freizubekommen und mich vor dem Dienst etwas zu sammeln. Denn ich weiß nie, was mich erwartet - ob es ein ruhiger Abend wird, oder ob alles auf einmal passiert. In diesem Job muss man immer auf alles gefasst sein, auch wenn man eigentlich immer hofft, dass es ruhig bleibt.

Während ich meinen Kaffee trinke, denke ich an die Jugendlichen, die gerade in der Einrichtung sind. Manche von ihnen kenne ich schon länger, andere habe ich gestern das erste Mal gesehen. Ich überlege, wie die Stimmung heute sein könnte. Es kann einfach alles passieren, kein Tag ist wie der andere, die wenigstens laufen so, wie man es geplant hat. Das hat zum einen etwas Negatives, da es kaum Planbarkeit gibt, aber auch etwas Positives, denn jeder Tag ist erfrischend anders.

Mein Kaffee ist leer, ich muss mich langsam auf die Socken machen.

Ich ziehe mir bequeme Kleidung an – etwas, das praktisch ist, aber auch so, dass ich trotzdem professionell wirke. Man weiß nie, ob man plötzlich mit einem Elternteil oder der Polizei sprechen muss. Und gleichzeitig muss ich bereit sein, schnell zu handeln, wenn etwas passiert. Ich packe meine Tasche, stecke mein vorgekochtes Essen ein, denn manchmal habe ich in der Arbeit keine Zeit, Essen zuzubereiten, manchmal muss es schnell und nebenher gehen.

Bevor ich losgehe, atme ich noch einmal tief durch. Der Weg zur Einrichtung ist meine letzte Chance, Ruhe zu finden, bevor die Schicht beginnt. Egal, wie der Dienst verläuft, ich weiß, dass es unvorhersehbar wird – aber ich bin bereit, so gut es geht.

~

Mir ist kalt, als ich das Büro betrete. Ich ziehe mir meine rote Mütze vom Kopf und schüttele meine Haare. Während ich mir einen Zopf mache, schaut meine Kollegin wie gebannt auf den Bildschirm ihres Computers.

„Hallo Kathi, schön, dass du da bist, ich glaube, ich habe gleich einen spannenden Fall für Dich.", murmelt sie, während sie keinen Blick vom Bildschirm nimmt. Ich laufe zu ihr hinter den Bildschirm.

Sie schaut zu mir, etwas betreten und zeigt auf eine Nachricht in unserem Krisenchat:

„Betreff: Bitte um Hilfe“

Prangt mir da entgegen.

„Oh, na da hast Du ja direkt Arbeit für mich!", stelle ich fest und während ich noch meinen Schal abstreife, fange ich bereits an zu lesen.

Ein kurzer Schauer läuft mir über den Rücken, das, was ich da lese, ist wirklich hart. Ich atme tief durch und lese weiter. Oft kommen in diesem Chat nur Fragen zu alltäglichen, jugendtypischen Themen, dass jemand wirklich darum bittet, aus der Familie herauszukommen, das passiert selten.

Der Text ist nicht lang, aber er trifft mich mitten ins Herz.

Die Zeilen sind unruhig geschrieben, als wäre die Person am anderen Ende in Panik gewesen, als sie die Nachricht tippte. Die Sätze springen wild hin und her, ohne klare Struktur. Ich versuche mir vorzustellen, wie das Mädchen wohl dasaß, verzweifelt, mit zitternden Händen vielleicht, während sie sich durch die Worte kämpfte.

Meine Kollegin hat uns mittlerweile zwei volle Tassen Kaffee gebracht, ich sehe sie dankend an, die brauche ich auch erstmal. Ich nehme die dampfende Tasse in beide Hände und nehme einen großen Schluck. Ich sehe meine Kollegin an, wir besprechen, was wir da gelesen haben und wie wir jetzt fortfahren werden. Diese wenigen Sätze wirkten so hilflos, und gleichzeitig ist da diese immense Schwere. Ein junges Mädchen, allein mit ihrer Angst, überfordert und ohne Ausweg. Jemand, der den Mut aufgebracht hatte, um Hilfe zu bitten – und zwar bei uns.

~

Mein Kopf beginnt parallel sofort zu arbeiten. Ich weiß, dass ich keine Zeit verlieren darf. In solchen Momenten spüre ich eine plötzliche Anspannung, dieses Gewicht, das sich auf die Schultern legt. Der Ernst meiner Arbeit wird mir bewusst. Die Dringlichkeit ist deutlich spürbar in jeder ihrer unsicheren, aber verzweifelten Zeilen.

Es überkommt mich ein Gefühl der Nachdenklichkeit. Ich schaue aus dem Fenster und lasse meinen Blick über unseren kleinen Garten wandern. Die Bäume wiegen sanft im Wind, und ich denke darüber nach, wie viel Macht ich tatsächlich habe – und wie wichtig meine Rolle hier ist.

Es ist nicht nur die Macht, die damit einhergeht, Entscheidungen zu treffen oder Ressourcen zu verwalten. Es ist die Macht, die in meinen Worten und Taten liegt. Ich kann das Leben einer Jugendlichen beeinflussen, ihr einen Weg zeigen oder sie unterstützen, wenn sie am meisten Hilfe braucht. Das kann eine kleine Bemerkung, ein aufmerksames Zuhören oder ein offenes Ohr sein. Aber es kann auch die Kraft haben, jemandes Zukunft zu verändern.

Mir wird klar, dass ich in der Position bin, Vertrauen zu schaffen, die Grundlage für eine Beziehung zu legen, die in diesen entscheidenden Momenten so wichtig ist. Diese Jugendlichen kommen zu uns, weil sie verzweifelt sind, weil sie glauben, dass niemand sie versteht. Ich habe die Möglichkeit, diesen Glauben zu verändern, ihnen zu zeigen, dass es Menschen gibt, die sich um sie kümmern, die bereit sind, ihnen zu helfen, die bereit sind, für sie da zu sein.

Diese Verantwortung ist sowohl befreiend als auch erdrückend. Ich bin mir der Herausforderungen bewusst, die mit dieser Macht einhergehen. Was, wenn ich nicht die richtigen Worte finde? Was, wenn ich jemanden enttäusche? Es ist eine ständige Abwägung zwischen der Hoffnung, die ich geben kann, und der Angst, nicht genug zu sein.

Es ist der Wahnsinn in dieser Arbeit. Manchmal zoome ich aus Situationen raus und denke darüber nach, wie verrückt es ist, dass ich gerade noch in Vorlesungen in der Hochschule saß und jetzt treffe ich solch weitreichende Entscheidungen.

Die Nachricht des Mädchens schwingt in meinem Kopf nach, und ich kann nicht anders, als darüber nachzudenken, wie viele Geschichten, wie ihre, ich schon gehört habe. Jede dieser Geschichten ist einzigartig, aber sie alle erzählen von Schmerz, Verlust und der Suche nach einem sicheren Ort. Ich weiß, dass ich in der Lage bin, eine Veränderung herbeizuführen – und das ist ein mächtiges, beängstigendes, aber auch tolles Gefühl.

Ich hole tief Luft und fahre mit der Maus zur Antwort-Taste. Was soll ich schreiben? Es ist so wichtig, die richtigen Worte zu finden, Worte, die ihr zeigen würden, dass sie ernst genommen wird, dass sie nicht allein ist, dass es einen Ausweg gibt. Gleichzeitig muss ich behutsam sein, sie nicht zu überfordern.

Ich beginne zu tippen:

„Danke, dass du mir geschrieben hast. Ich kann verstehen, dass du große Angst hast. Du bist nicht allein, und wir werden dir helfen. Wo bist du gerade? Es wäre gut, wenn wir bald miteinander sprechen könnten.“

Ich überlege kurz, lese meine Antwort nochmal durch und schicke sie dann ab. Mein Herz klopft ein wenig schneller als sonst. Die nächsten Minuten sind entscheidend. Jetzt heißt es abwarten und hoffen, dass sie mir schnell antwortet.

Während ich auf eine Reaktion warte, setze ich mich aufrechter hin, nehme nochmal einen Schluck Kaffee und versuche jetzt erstmal in der Arbeit anzukommen, denn ich bin heute ja mal wieder mit Vollgas hier rein gestartet.

~

Es sind inzwischen fast dreißig Minuten vergangen, und ich habe immer noch keine Antwort auf meine Nachricht. Die Minuten ziehen sich endlos, und dieses beklemmende Gefühl in meiner Brust wird immer stärker. Irgendetwas stimmt nicht. Normalerweise wird in diesem Chat direkt zurück gechattet und die Jugendlichen warten schon sehnlichst auf eine Nachricht, wenn wir einmal ein paar Minuten länger gebraucht haben. Aber genau in diesem Fall, antwortet niemand.

Ich kann das Mädchen nicht aus dem Kopf bekommen. Warten liegt mir nicht, besonders nicht in einer Situation wie dieser.

Mein Blick fällt auf die Signatur unter ihrer Nachricht: der Name eines Jugendtreffs. Warum auch immer diese sich da eingeschlichen hat, ich weiß es nicht, aber in diesem Moment könnte sie der Schlüssel zur Lösung sein. Vermutlich hat sie die Nachricht von dort aus losgeschickt. Mein Magen zieht sich zusammen. Wenn sie von dort geschrieben hat, könnte sie immer noch in der Nähe sein. Vielleicht ist sie dorthin geflüchtet, weil sie sich dort sicherer fühlt. Weil sie jemanden finden wollte, der ihr hilft.

Ohne weiter nachzudenken, greife ich zum Telefon und suche die Nummer des Jugendtreffs heraus. Ich muss mit jemandem dort sprechen. Vielleicht kennen sie das Mädchen, vielleicht können sie mir mehr erzählen, oder mir sogar helfen, sie zu finden. Der Gedanke, dass sie irgendwo draußen ist, allein und verängstigt, lässt mich nicht los.

Das Telefon klingelt einmal, dann zweimal. Mein Herz klopft schneller, als schließlich jemand abhebt.

„Jugendtreff Sonnenstrahl, wie kann ich Ihnen helfen?" Die Stimme am anderen Ende klingt freundlich, aber auch ein wenig müde – so, wie es am späten Nachmittag, kurz vor Feierabend, in einem Jugendtreff oft der Fall ist.

„Hallo, hier spricht Kathi Klein von der Schutzstelle. Ich habe vor circa einer Stunde eine Nachricht von einem Mädchen erhalten, das sich möglicherweise in einer Notsituation befindet. Ich glaube, sie hat die Nachricht von Ihrem Treff aus geschickt. Können Sie mir vielleicht weiterhelfen?"

Es herrscht kurz Stille am anderen Ende der Leitung, dann höre ich, wie die Person tief durchatmet. „Ja, wir hatten vor Kurzem tatsächlich ein Mädchen hier. Sie schien sehr aufgelöst und hat sich an einen Computer gesetzt, aber sie ist dann auch schnell wieder gegangen und hat sich nicht verabschiedet."

Mein Magen zieht sich zusammen. „Ja, das könnte dann passen. Haben Sie mit ihr gesprochen? Wissen Sie, wohin sie gegangen sein könnte?"

„Nur ganz kurz", antwortet die Stimme jetzt merklich besorgter. „Sie wollte nicht viel sagen. Sie wirkte verängstigt und nervös, als ob sie ständig auf der Hut wäre. Sie hat ein paar Minuten am Computer verbracht und ist dann plötzlich verschwunden."

Ich schlucke schwer. Die Informationen passen zusammen, aber das macht alles nur noch dringlicher. Sie ist draußen – allein. Aber wo?

„Okay“, sage ich, während mir tausend Gedanken durch den Kopf schießen. „Wenn sie zurückkommt oder wenn Sie erfahren, wo sie sich aufhalten könnte, rufen Sie mich bitte sofort an.“

Ich gebe der Person meine Kontaktdaten und lege auf. Die Zeit drängt. Sie ist irgendwo da draußen, und ich muss etwas tun – und zwar schnell.

~

Kaum habe ich den Hörer aufgelegt, geht das Telefon wieder los. Die Nummer auf dem Display ist die des Jugendtreffs. Mein Herz schlägt sofort schneller, und ich nehme den Anruf hastig entgegen.

„Frau Klein? Sie ist wieder hier“, sagt die Stimme am anderen Ende, jetzt deutlich angespannt. „Das Mädchen ist gerade wieder hereingekommen. Sie wirkt noch immer sehr verstört, aber sie ist da.“

Ich atme tief durch und spüre eine Mischung aus Erleichterung und Anspannung. „Okay, bleiben Sie bei ihr. Ich komme sofort.“

Ich schnappe mir meinen Rucksack und eile zur Tür. Die ganze Zeit über denke ich an das Mädchen – wie sie sich wohl fühlt, was sie durchmacht, wie viel Mut es sie gekostet haben muss, zurückzukehren. Der Weg zum Jugendtreff dauert nur wenige Minuten, aber jeder Moment fühlt sich länger an. Meine Gedanken rasen: Was, wenn sie wegläuft, bevor ich da bin? Was, wenn die Situation schlimmer ist, als ich dachte?

Als ich den Jugendtreff betrete, empfängt mich eine jung aussehende Mitarbeiterin mit ein paar kurzen Worten. „Das Mädchen ist in einem der hinteren Räume. Ich habe mit ihr gesprochen, und sie ist bereit, mit Ihnen zu reden."

Ich atme tief ein und gehe mit festem Schritt zum Raum. Ich öffne die Tür, da sitzt sie. Ein junges Mädchen, mit verstrubbelten Haaren und einem blassen Gesicht. Ihre Augen sind rot, als hätte sie den ganzen Tag geweint. Sie sieht so klein aus in der viel zu großen Jacke, die sie umhüllt, die Kapuze weit über das Gesicht gezogen.

„Hey", sage ich, ohne Umschweife, und setze mich auf den Stuhl neben ihr, aber so, dass sie noch Raum hat. „Ich bin Kathi von der Schutzstelle. Du hast uns geschrieben, oder?"

Ihre Augen zucken kurz zu mir, unsicher, aber dann senkt sie den Blick wieder. Sie sagt nichts, doch ich spüre, dass sie meine Anwesenheit wahrnimmt. Das ist der erste Schritt. Ich interpretiere ihr Verhalten als ein ja. Ich fahre also fort:

„Es ist gut, dass du hier bist," sage ich ruhig. „Ich bin hier, um dir zu helfen. Du musst mir nicht sofort alles erzählen. Lass uns in deinem Tempo anfangen, okay?"

Sie schluchzt leise und wischt sich mit dem Ärmel über die Augen. Ich bleibe gelassen und warte. In solchen Momenten ist es wichtig, nichts zu überstürzen. Vertrauen braucht Zeit und Raum.

„Ich ...", beginnt sie schließlich, ihre Stimme kaum mehr als ein Flüstern. „Ich wusste nicht, was ich tun soll. Es wird immer schlimmer zu Hause."

Ich nicke langsam, ohne sie zu drängen. „Es tut mir leid, dass du das durchmachen musst. Du hast den Mut gehabt, dich zu melden. Das war der erste und wichtigste Schritt."

Ihre Augen sind voller Angst, aber auch voller Hoffnung, dass es einen Ausweg gibt. Ich weiß, dass dies nur der Anfang ist – der Anfang eines langen Prozesses, und sie ist hier. Es liegt jetzt an mir, ihr zu zeigen, dass sie nicht mehr allein ist. Dass es

Möglichkeiten gibt, aus dieser Situation herauszukommen.

Obwohl sie bisher kaum etwas gesagt hat, bricht es plötzlich, auf einmal, aus ihr heraus:

„Es war heute Mittag … Ich sollte mal wieder putzen", beginnt sie leise. Ihre Finger spielen nervös mit dem Saum ihres Pullovers. „Meine Mutter ist total streng, wenn's ums Aufräumen geht. Ich hab die Vase vom Regal genommen, um sie abzustauben, … aber sie ist mir aus den Händen gerutscht."

Sie schüttelt den Kopf, als ob sie immer noch nicht glauben kann, was passiert ist. „Die Vase ist auf den Boden gefallen und in tausend Stücke zerbrochen. Das war ihre Lieblingsvase, die sehr teuer war. Sie ist komplett ausgerastet. Hat mich angeschrien, gesagt, ich sei zu nichts zu gebrauchen, ich würde nur Probleme machen. Das zieht sich schon mein ganzes Leben so durch. Seit ich denken kann, passiert immer wieder sowas. Egal, was ich mache, es ist nie genug. Ich mach's immer falsch."

Ihre Stimme zittert jetzt ein wenig, und sie versucht, den Blickkontakt zu vermeiden. „Es ist nicht nur die Vase, weißt du? So war's immer. Schon als Kind, wenn irgendwas schiefging … Sie hat mich immer gleich dafür verantwortlich gemacht. Jedes Mal dieser Stress, dieser Alkohol und diese Gewalt. Ich kann da einfach nicht mehr hin."

Sie holt tief Luft und sieht mich schließlich an, ihre Augen voller Frust und Enttäuschung - nicht nur über die Situation, sondern über sich selbst. „Es passiert ständig, und ich hab's so satt. Ich weiß einfach nicht mehr, wie ich damit umgehen soll."

Sie macht eine Pause, steht auf und schaut aus dem Fenster.

Ich nutze den Moment, um kurz durchzuatmen und die Situation, die ich hier vorgefunden habe, sacken zu lassen. Es ist nie einfach, Kinder zu sehen, denen es so schlecht zu gehen scheint.

Sie dreht sich wieder zu mir, ich fasse mir ein Herz und setze an:

„Wenn du bereit bist", sage ich, „können wir gemeinsam überlegen, wie wir dir helfen können. Du musst diesen Weg nicht allein gehen."

Sie nickt leicht, und ich weiß, dass das gerade nicht einfach für sie ist. Es ist schwer, aus so einer Lebenswelt, in der man aufgewachsen ist, auszubrechen.

Ich erkläre ihr, dass der nächste Schritt jetzt erstmal wäre, in die Schutzstelle zu gehen und dort zu bleiben, bis wir Kontakt zum Jugendamt aufnehmen können, um dann alles Weitere mit ihren Eltern zu besprechen, so lange kann sie dann erstmal bei uns bleiben. Wir machen uns schweigend auf den Weg zum Auto.

Als ich das Mädchen schließlich in die Schutzstelle bringe, wirkt sie erschöpft, aber irgendwie auch erleichtert, als würde die Last, die sie mit sich trägt, langsam abfallen. Sie hat kaum gesprochen auf dem Weg hierher, und ich habe es auch nicht forciert. Manchmal ist es besser, einfach still neben jemandem zu sitzen, anstatt die richtigen Worte erzwingen zu wollen.

Am Eingang bleibt sie kurz stehen, scheint, als würde sie nicht weitergehen wollen und wird nun mehr oder weniger freundlich von Luke, einem anderen Jungen hier, willkommen geheißen. Ich schiebe ihn zur Seite, sage ihm, dass er nicht gleich so aufdringlich sein soll.

Ich setze Emilia im Gruppenbüro bei meinen Kolleg*innen ab. Sie dürfen sich jetzt überlegen, wo auf der sowieso schon vollen Gruppe noch ein Bett frei ist, wo wir dieses Mädchen unterbringen können. Emilia bekommt nun Bettzeug und alles, was sie für die erste Nacht braucht.

Kapitel 3 - Emilia

„Das Glas ist nicht nur halbleer, es ist auch schmutzig."

Alles, was im Jugendtreff passiert, passiert wie automatisch. Ich kann gar nicht richtig greifen, was da gerade geschehen ist. Nie hätte ich gedacht, dass das so schnell geht. Die Frau, die da kam, wirkt nett, aber ich habe keine Ahnung, was jetzt passiert. Die ganze Fahrt gehen mir viele Gedanken durch den Kopf: Ist das jetzt alles so richtig? Was ist mit meinen Eltern? Wie wird es weitergehen? Ich habe überhaupt keine Vorstellung, von so einer Schutzstelle. Was sind da wohl für Jugendliche? Wie sieht so ein Haus aus? Wie läuft dort ein Alltag ab? Ich habe keine Ahnung.

Nach kurzer Zeit kommen wir schon an einem großen Gebäude an. Ich starre es an. Es sieht alt aus, so als hätte es schon einiges durchgemacht, genauso wie ich. Der Putz bröckelt an manchen Stellen, die Fensterrahmen sind vergilbt, und die Eingangstür quietscht leise im Wind. Irgendwie bedrückend und doch … Ich weiß nicht, ein bisschen wie ein Zufluchtsort.

Ich fühle mich klein, fast verloren vor diesem riesigen Kasten. Alles in mir schreit, dass ich hier nicht hingehöre. Aber wo soll ich sonst hin? Mein Herz klopft viel zu schnell, meine Hände schwitzen, während ich mich der Tür nähere. Alles in mir ist angespannt, als könnte jede Sekunde was Schlimmes passieren. Was, wenn die hier genauso sind wie zu Hause? Was, wenn es einfach immer so weitergeht?

Ich will nicht hineingehen, aber gleichzeitig weiß ich, dass ich auch nicht zurückkann. Keine Ahnung, was mich hier erwartet, aber es fühlt sich alles so fremd an. Diese kalte Fassade, die Geräusche von drinnen, als ob das Leben hier einfach weitergeht, egal, wer kommt oder geht. Ein Teil von mir will umdrehen, weglaufen – aber wohin?

Jetzt bin ich hier, und das ist vielleicht die letzte Chance, irgendwas anders zu machen.

Kathi hält mir die Tür auf und winkt mich herein.

Drinnen trifft mich sofort der Geruch – eine Mischung aus Frittierfett, Urin, Reinigungsmitteln und etwas, das ich nicht genau einordnen kann. Es ist nicht gerade einladend. Ich sehe mich um: Direkt im Eingangsbereich ist eine Scheibe eingeschlagen, als hätte jemand seine Faust oder was Schweres hindurch gedonnert. Die Splitter liegen noch auf dem Boden, als ob es hier niemanden stört. Ich bleibe kurz stehen, starre die kaputte Scheibe an und denke: Was zur Hölle habe ich mir hier eingebrockt?

Die Leute, die an mir vorbeigehen, scheinen mich kaum zu beachten. Ein Typ mit tief in die Stirn gezogener Kapuze schlurft an mir vorbei, seine Hände in den Taschen vergraben. Er schaut mich nicht mal an. Ein Mädchen, bestimmt nicht viel älter als ich, lümmelt in einer Ecke, starrt auf ihr Handy, während sie an einem abgebrochenen Fingernagel knabbert. Ihre Haare sind strähnig, ihre Augen leer, als wäre das hier alles schon längst egal.

Ich weiß nicht, was ich erwartet habe, aber das hier … Das fühlt sich an, als wäre es noch zerrütteter, als das, was ich hinter mir gelassen habe. Mein Herz schlägt schneller, und ich überlege kurz, ob ich einfach wieder umdrehen soll. Alles hier schreit förmlich nach Problemen. Menschen, die keine Lust mehr haben, Menschen, die kaputt sind. Aber vielleicht gehöre ich genau deswegen hier her?

Irgendwas in mir bleibt stehen. Wahrscheinlich, weil ich eh keinen Plan hab, wo ich sonst hin könnte.

Ich stehe da und versuche, die kaputte Scheibe zu ignorieren, als plötzlich ein Junge auf mich zukommt. Er ist größer, trägt eine schmutzige Jogginghose und riecht nach Zigaretten. Seine Augen fixieren mich, und ich weiß sofort, dass das nichts Gutes bedeutet.

„Ey, was glotzt'n so blöd?" faucht er und kommt viel zu nah. „Bist wohl so'n kleines Prinzesschen, das hier meint, 'nen auf unschuldig zu machen, oder?"

Ich starre ihn an, mein Hals wird trocken, aber bevor ich irgendwas sagen kann, fährt er fort: „Fick dich, Alter. Du wirst hier genauso verrecken, wie der Rest von uns. Keiner will hier sein und keiner will Dich hier haben."

Seine Worte knallen auf mich ein, härter, als ich es erwartet habe. Ich will weg, aber meine Beine fühlen sich wie festgeklebt an. Mein Herz schlägt viel zu schnell, und ich merke, wie meine Hände zittern. Der Typ lacht noch mal dreckig, als er an mir vorbeigeht, und ich kann seine Verachtung in jedem Wort spüren. „Viel Spaß hier, du wirst's brauchen."

Ich schlucke schwer. Die Angst kriecht mir den Rücken hoch. Ich fühle mich völlig überfordert und eingeschüchtert. Hier habe ich nichts verloren.

Kathi schiebt den Jungen zur Seite und sagt ihm, dass er nicht so gemein sein soll. Nur ein kleiner Trost. Ich fühle mich wahnsinnig klein und bereue direkt, die Nachricht geschrieben zu haben.

Sie übergibt mich einer Kollegin. Diese führt mich erstmal durch die Räumlichkeiten und zeigt mir alles.

Ich folge der Betreuerin durch die Flure, meine Augen versuchen alles zu erfassen, aber ehrlich gesagt, ich bin nur schockiert. Alles hier wirkt so alt, so abgewohnt, als hätte man das Gebäude einfach aufgegeben und dann irgendwie vergessen. Die Wände sind fleckig, die Farbe blättert an manchen Stellen ab, und die Decken haben Risse, die das Ganze noch bedrückender machen. Es riecht nach alten Möbeln und Desinfektionsmittel. Alles erinnert mich eher an ein Gefängnis als an eine Schutzeinrichtung.

Wir gehen an ein paar Zimmern vorbei, die Türen stehen offen. Ich werfe einen Blick hinein, in jedem Raum das gleiche Bild: leere Plastikflaschen auf dem Boden, zerknüllte Klamotten in der Ecke, Essensreste auf den Tischen. Alles wirkt lieblos, als wäre es den Jugendlichen hier längst egal, wie es aussieht. Der Müll liegt einfach herum, eine Mischung aus Chaos und Verzweiflung, die den ganzen Raum einnimmt.

Es ist unordentlich, schmutzig, wie ein Ort, an dem man nur ankommt, aber nie wirklich bleiben will. Ich spüre, wie sich etwas in mir zusammenzieht, es ist ein unangenehmes Gefühl, dass dies wirklich mein neues Zuhause sein soll. Mir wird plötzlich bewusst, dass ich hier wohl wirklich am Ende der

Straße angekommen bin - und ich frage mich, wie man in einem solchen Chaos überhaupt irgendwie klar denken oder zur Ruhe kommen soll.

„Das … Das ist also mein neues Zuhause?" höre ich mich selbst flüstern, eher zu mir als zur Betreuerin. Die Worte klingen fremd in meinen Ohren, und ich kann den bitteren Geschmack in meinem Mund kaum ignorieren.

„Hey", sagt sie leise, und ich sehe in ihre Augen. „Das hier soll kein Zuhause für dich sein. Das ist nur eine Übergangsstation, verstehst du? Eine Art Notaufnahme." Sie spricht ruhig, aber direkt. „Hier bleibst du nur, bis wir etwas Passendes für dich gefunden haben, einen richtigen Platz. Das hier ist … Na ja, es ist vorübergehend. Kein Ort, an dem du ewig bleiben musst."

Die Enge in meiner Brust lässt etwas nach. Ich nicke, auch wenn ich noch immer nicht ganz sicher bin, was mich hier erwartet. Es ist ein seltsamer Trost zu wissen, dass ich hier nicht für immer bleiben muss - und dass es Menschen gibt, die sich darum kümmern, dass dies wirklich nur ein Zwischenstopp ist.

Die Betreuerin scheint zu merken, dass ich wirklich fertig bin, und fragt mich, ob ich erstmal etwas Ruhe brauche. Ich nicke. Sie drückt mir noch eine Zahnbürste und ein Handtuch in die Hand und sperrt mir mein Zimmer auf, ich gehe hinein und setze mich erschöpft auf mein Bett.

~

Ich sitze also nun auf dem Bett und starre ins Leere. Gerade hatte ich angefangen, mich sicherer zu fühlen, aber jetzt, wo die Betreuerin weg ist, kommt mir hier alles befremdlich vor. Das Licht, das durch das Fenster fällt, ist kalt und unangenehm. Die Wände wirken kahl und leer, und das Bett fühlt sich hart an, als würde es mich nicht wirklich halten. Ich ziehe die Knie an meine Brust und umklammere sie fest. Meine Hände zittern leicht.

Langsam lasse ich meinen Blick durch das Zimmer schweifen. Auch hier ist es chaotisch. Auf dem Boden liegen Kleidungsstücke. In der Ecke stapelt sich ungeöffnete Post, und neben dem Schrank steht ein alter Schuhkarton, aus dem irgendwelcher Kram quillt. Der Raum riecht ein bisschen abgestanden, so, als wäre hier schon lange nicht mehr richtig gelüftet worden. Das hier fühlt sich nicht nach einem Neuanfang an. Eher wie ein Ort, an dem man gestrandet ist.

Neben mir auf dem Nachttisch steht ein halbleeres Wasserglas, der Rand klebrig und schmutzig. Staub hat sich in den Ecken des Zimmers gesammelt, und die Gardine hängt schief an der Stange, als hätte jemand sie achtlos zur Seite geschoben. Das hier … Das ist nicht das, was ich mir vorgestellt habe. Alles ist so durcheinander und unordentlich. Es fühlt sich an, als würde hier nie jemand wirklich zur Ruhe kommen.

Ich atme tief ein, aber es fühlt sich an, als würde die Luft schwer in meine Lungen sinken. Ein leises Seufzen entweicht mir, und plötzlich überkommt mich diese erdrückende Frage: Was mache ich hier?

Ich hatte gehofft, dass es hier anders wäre. Ruhiger. Sicherer. Aber jetzt fühlt sich alles nur noch chaotischer und bedrückender an. Hatte ich einen Fehler gemacht?

Es klopft an der Tür, ein Schlüssel wird im Schloss gedreht, die Betreuerin steht mit einem anderen Mädchen vor der Tür, es ist scheinbar meine Mitbewohnerin. Schimpfend kommt sie herein, sie ist sichtlich genervt, dass ich da bin.

Sie setzt sich auf ihr Bett und widmet sich mir erstmal nur wenig. Sie tippt nur wild auf ihrem Handy, während sie aus einem der Kartons falsche Wimpern und Wimpernkleber hervorzieht. Sie schnappt sich einen kleinen Spiegel vom Boden und stellt ihn vor sich auf das Bett. Während sie anfängt, sich die Wimpern anzukleben, linst sie zu mir rüber.

~

„Hey, na, bist neu, oder? Ich bin Lia, mich kennt hier jeder.“ Sie nickt mir zu. „Weißt du, ich bin vor ein paar Monaten von zu Hause abgehauen“, sagt sie, als wäre es nichts. Ihre Stimme ist hart, abfällig, als würde sie über irgendwen reden, den sie längst vergessen hat.

„Meine Eltern sind sowieso das Letzte. Ich hab's da einfach nicht mehr ausgehalten. Bin dann zu 'nem Bekannten gezogen, weil ich dachte, bei dem wird's besser. Aber natürlich…“, sie lacht bitter, „das Jugendamt hat mich da rausgeholt. Die haben gesagt, ich darf da nicht bleiben. War ja klar.“, seufzt sie verächtlich, während sie nun auch noch ihre Lippen mit einem knallroten Lipliner nachzieht.

Sie rollt mit den Augen, als ob das alles sinnlos wäre. „Als ob's bei meinen Eltern besser wär', ey. Zu denen geh ich nicht zurück, die können mich mal.“ Sie spuckt die Worte fast aus, so viel Wut schwingt mit. „Die checken sowieso gar nichts. Die denken, sie könnten mich kontrollieren, aber ich lass mich von denen nicht mehr verarschen.“, sie geht zu ihrem Schrank, wühlt darin und wirft alles, was ihr scheinbar nicht gefällt, hinter sich auf den Boden.

Sie schüttelt den Kopf, ihre Augen hart und kalt. „Jeder will einem vorschreiben, wie man zu leben hat. Aber ehrlich? Keiner hat 'nen Plan, was wirklich abgeht. Soll'n sie doch alle machen, was sie wollen – ich scheiß auf die."

Lia grinst plötzlich, sie hat scheinbar gefunden, was sie gesucht hat. Ihre Augen blitzen auf und sie hält triumphierend einen kleinen schwarzen Fetzen in der Hand. Sie fährt fort: „Und hier? Na ja, hier ist's auch nicht besser, aber wenigstens kann ich machen, was ich will." Sie schlüpft aus ihrer Kleidung und zwängt sie in das kleine schwarze Minikleid, sie dreht sich begeistert im Kreis und schaut sich im Spiegel an. „Hier läuft eh alles drunter und drüber. Die Betreuer? Die haben keinen Plan. Die denken, die können uns kontrollieren, aber die meisten von uns machen, was sie wollen." Sie hüllt sich noch in eine Wolke von Parfüm, lacht leise und zuckt mit den Schultern. „Die meisten gehen einfach nicht zur Schule, die hängen den ganzen Tag draußen ab, viele nehmen Drogen, trinken Alkohol, eben all das, was Spaß macht."

Sie lacht kurz, aber es ist kein echtes Lachen. „Die glauben echt, sie könnten uns helfen. Aber ehrlich? Die meisten hier sind durch. Die haben keine Chance, und die wissen das auch. Hier lernt man nur, wie man besser lügt und wie man sich durchschlägt."

Ich schaue sie ungläubig an. Alles, was sie gerade erzählt hat, ist wie ein Film an mir vorbeigegangen, ich begreife jetzt erst richtig, was sie da gerade gesagt hat. Das ist etwas ganz anderes, als die Betreuerin gerade eben gesagt hat. Ich bin verwirrt. Das hier soll doch eine Schutzeinrichtung sein, aber das, was sie da gerade erzählt, hört sich alles andere als das an. Ich lege mich in mein Bett, die Erzählungen von ihr haben mich nochmal ganz schön aufgewühlt.

Lia hat für den Abend dann aber andere Pläne, sie zuckelt an ihrem Kleidchen, welches aus meiner Sicht viel zu kurz ist, und schultert ihr kleines Handtäschchen. Sie verabschiedet sich bis morgen. Ich frage mich, wo sie schläft, wenn nicht hier.

~

Aus meiner kleinen Tasche, die das Einzige ist, was ich dabeihabe, ziehe ich mein Tagebuch, welches ich zum Glück immer bei mir trage. Sonst habe ich nichts bei mir, keine eigene Zahnbürste, keine andere Kleidung als diese, die ich am Körper trage. Zum Glück habe ich etwas zum Schlafen von der Betreuerin bekommen, morgen soll ich von meinen Eltern noch Kleidung gebracht bekommen, ich habe jetzt schon Angst, sie zu sehen.

Ich zücke meinen Lieblingsstift, der zum Glück auch immer in meiner Tasche ist, und schreibe los:

15. Oktober

Heute bin ich in die Schutzstelle gekommen. Es ist alles so neu und seltsam hier. Ich kann es immer noch nicht fassen, dass ich tatsächlich hier bin. Ich hatte gedacht, es wäre ein sicherer Ort, aber irgendwie fühlt es sich nicht so an. Ich bin in einem kleinen Zimmer untergebracht, und alles hier ist chaotisch. Das Zimmer ist unordentlich, und die Wände sind kalt und kahl. Es gibt nichts Persönliches, nichts, was mir ein Gefühl von zuhause gibt.

Meine Zimmernachbarin ist unordentlich. Ihr Zimmer sieht aus, als wäre ein Tornado hindurchgegangen. Überall Kleidung und Kisten, und ich habe das Gefühl, dass sie genauso durcheinander ist wie ihr Raum.

Die anderen Zimmer in der Schutzstelle sind ebenfalls einfach und trist. Ich habe gehört, dass es dort Kinder und Jugendliche gibt, die ähnliche Probleme haben wie ich. Aber ich habe Angst, mit jemandem zu sprechen. Was, wenn ich nicht verstanden werde? Was, wenn sie mich auslachen oder nicht ernst nehmen?

Die Betreuerin, die mich heute begrüßt hat, scheint nett zu sein, aber ich kann ihr nicht ganz vertrauen. Sie sagt, ich bin hier sicher und dass sie mir helfen wird, aber ich habe immer noch das Gefühl, dass ich hier nicht hingehöre. Es fühlt sich an, als ob ich irgendwo feststecke - zwischen dem, was ich hinter mir lasse, und dem, was noch kommt.

Ich vermisse auch mein altes Leben, so schlimm es auch war und ich weiß gleichzeitig, dass es gut ist, dass ich da weg bin. Ich vermisse die Vertrautheit und die kleinen Dinge, die mir ein Gefühl von Normalität gegeben haben. Hier ist alles so anders, so leer.

Vielleicht ist es besser, dass ich hier bin. Vielleicht kann ich hier wirklich Hilfe finden.

Ich hoffe, dass ich bald herausfinde, was ich tun soll. Irgendwie hoffe ich, dass ich hier die Hilfe finde, die ich brauche. Aber ich habe auch Angst. Angst davor, dass es nicht so einfach wird, wie es mir gesagt wurde.

Ich weiß nicht, wie ich mich fühlen soll. Es ist alles so viel.

Irgendwann fallen mir fast die Augen zu beim Schreiben, der Tag heute war anstrengend, ich kann nicht mehr. Ich schleiche also noch über den Flur in den Waschraum und putze mir meine Zähne. Der Waschraum lässt mich erneut schaudern, die Toilette ist verschmutzt, überall liegt Klopapier und gebrauchte Hygieneprodukte herum. Ich habe aber heute keine Kraft mehr, darüber nachzudenken.

~

Am nächsten Morgen wache ich auf, es ist schon laut und turbulent. Irgendwo schlägt jemand gegen die Wand. Ich darf heute noch liegen bleiben, die Betreuerin hat mich in der Schule entschuldigt, denn meine Eltern kommen für ein Gespräch mit dem Jugendamt vorbei. Ich habe große Angst davor. Ich weiß einfach nicht, wie ich Mama und Papa gegenübertreten soll, sie werden bestimmt wahnsinnig sauer auf mich sein. Was ist, wenn ich einfach wieder nach Hause geschickt werde. Ich kann das nicht, dann wird bestimmt alles noch schlimmer. Ich versuche diese Gedanken zu unterbrechen und gehe kurz raus, um frische Luft zu schnappen und mich abzulenken. Ich setze mich vor dem Haus auf eine Mauer rund um ein großes Blumenbeet, circa fünf Jugendliche sitzen hier mit mir und schauen mich interessiert an. Ich frage mich, warum keiner von ihnen in der Schule ist.

Ein Junge kommt lässig mit einer Kippe im Mund auf mich zu. Er bleibt vor mir stehen und mustert mich neugierig. „Hey, wer bist'n du? Bist neu hier, oder?"

Ich zucke mit den Schultern, fühle mich nicht unbedingt nach Reden, aber irgendwie weiß ich, dass ich eh nicht drumherum komme. „Ja, gestern angekommen."

Er grinst breit, setzt sich neben mich und lehnt sich zurück, als würde er hier seit Jahren herumhängen. „Ich bin Luke. Bin jetzt schon 'n paar Monate hier. War vorher auch 'ne Zeit lang woanders, aber na ja, hier isses besser." Sein Blick flackert kurz, dann fängt er an, ganz locker von sich zu erzählen, als wäre das alles keine große Sache.

„Weißt du, warum ich hier bin?“ Er lehnt sich noch ein Stück näher, fast stolz, als wäre es irgendein cooles Geheimnis. „Hab meine Mutter geschlagen. Die wollte mir mein Handy wegnehmen, weil sie mit meinen Drogengeschichten nicht klargekommen ist. Hat immer rumgeheult, ich würde mein Leben wegwerfen und so'n Scheiß.“

Er lacht kurz, als wäre das alles lächerlich. „Ey, dann hab ich ihr einfach 'ne geknallt. Die hat's so verdient, immer dieses Gekeife, dass ich aufhören soll und bla bla bla. Ich hab ihr gezeigt, dass ich mich nicht von ihr kontrollieren lass. Danach hat sie mich direkt rausschmeißen lassen, klar.“

Er sieht mich an, sein Grinsen breit und selbstbewusst. „Ich hab keine Ahnung, was die sich denken. Als ob die mich einfach unter Kontrolle kriegen, nur weil ich hier bin. Die checken gar nichts. Ich mach, was ich will, immer schon. Handy, Drogen, alles. Und ich bin verdammt stolz drauf.“ Er pustet große Rauchwolken in den Himmel.

Sein Blick ist herausfordernd, als würde er darauf warten, dass ich ihn bewundere oder zumindest beeindruckt bin. Innerlich zieht sich mir alles zusammen. Er redet, als wäre das, was er getan hat, irgendwie cool, als hätte er damit irgendetwas bewiesen.

Luke sieht mich tief an, ich kann das Funkeln in seinen Augen sehen. „Übrigens", sagt er leise. „Falls du mal was brauchst … Ich hab hier alles am Start. Gras, Pillen, was auch immer du willst. Sag einfach Bescheid, ich regle das für dich."

Für einen Moment halte ich die Luft an. Meine Gedanken rasen, und ich tue mein Bestes, ruhig zu bleiben. Ich nicke nur leicht, so als ob es mich nicht wirklich interessiert, aber in mir tobt ein ganz anderes Gefühl. Das ist gefährlich. Ich weiß das.

Ich kiffe regelmäßig, hab's mir selbst immer schöngeredet. Es hilft, den Stress abzubauen, die ganzen Gedanken wegzudrücken, wenn der Druck von überall kommt. Von Zuhause, von der Schule, einfach von allem. Es lässt mich für ein paar Stunden vergessen, dass alles immer nur schlimmer wird. Doch tief in mir weiß ich, dass das nicht die Lösung ist. Aber verdammt, es fühlt sich so an, als würde es mich zusammenhalten.

Und jetzt sitzt Luke da, grinst mich an und bietet mir genau das, was ich oft genug schon genommen habe, um den Kopf frei zu kriegen. Ich weiß genau, wie verlockend das ist. Aber gleichzeitig weiß ich auch, dass es noch schlimmer werden könnte. Ich könnte noch tiefer fallen.

Was, wenn ich irgendwann nicht aufhören kann? Was, wenn es nicht mehr bei Gras bleibt? Ich hab's bei ein paar anderen schon gesehen - erst Gras, dann Pillen, dann härtere Sachen. Und plötzlich gibt's kein Zurück mehr. Man verliert sich total, und irgendwann merkt man nicht mal mehr, was um einen herum passiert.

Aber trotzdem, irgendwo in mir juckt es, dieser kurze Gedanke, dass es doch jetzt so einfach wäre, sich wieder abzulenken. Es ist so schrecklich hier, diese ganze Situation. Einfach mal wieder alles auszublenden, nur für eine Weile. Luke wartet meine Antwort nicht ab, er zieht davon.

Puuh, nach all diesen Erzählungen bin ich erstmal geplättet. Erschöpft schlurfe ich ins Haus zurück. Obwohl der Tag gerade erst angefangen hat, lasse ich mich einfach wieder ins Bett fallen.

~

Ein paar Stunden später wache ich wieder auf, im Haus scheint es nun ruhiger zu sein. Ich schaue auf die Uhr, ein Schreck fährt in mir hoch, gleich ist das Gespräch mit meinen Eltern, direkt bin ich in der

Realität angekommen. Meine Eltern dürfen nicht sehen, dass ich hier so leide, ich versuche mich einigermaßen herzurichten, mit den wenigen Dingen, die ich hier habe. Ich sehe in den Spiegel, mehr schlecht als recht, aber mehr ist jetzt nicht drinnen. Ich gehe erstmal noch eine Kippe draußen rauchen, um etwas herunterzukommen und dann tappe zum Büro, bemüht, eine neutrale Miene zu wahren.

Dort erwartet mich schon die Betreuerin Kathi, sie fragt mich, ob alles gut ist, ich würde so platt aussehen. Ich nicke nur abwesend. Ich will jetzt nur das Gespräch mit meinen Eltern hinter mich bringen.

Kapitel 4 - Kathi

„Im Zweifel für die Jugendliche."

Nachdem ich Emilia bei meiner Kollegin abgegeben habe, mache ich mich auf den Weg ins Büro, denn für mich geht jetzt der bürokratische Teil los. Als Erstes muss ich die Eltern über die Aufnahme ihrer Tochter informieren. Dies ist oft ein sehr anstrengender Teil, da die Eltern einem in den meisten Fällen die Geschichte genau andersherum erzählen. Die Kinder würden sich nicht an die Regeln halten, nur Blödsinn machen und so weiter. In diesem Moment zählt aber erstmal der Wille der Kinder und wer hier nach Schutz fragt, der bekommt Schutz.

Ich wähle die Nummer von Emilias Mama.

Ich halte das Telefon ans Ohr und höre das erste Klingeln. Die Sekunden ziehen sich, und mit jedem Ton bereite ich mich innerlich darauf vor, das Gespräch möglichst ruhig zu führen. Schließlich hebt sie ab. „Hallo?", ihre Stimme klingt kurz angebunden.

„Hallo, Frau Emser, hier ist Klein von der Schutzstelle. Ich möchte Sie darüber informieren, dass

Emilia heute hierhergekommen ist, und wir sie vorerst bei uns aufgenommen haben."

Es dauert nicht mal eine Sekunde, bis sie empört reagiert. Ich muss das Telefon etwas entfernt von meinem Ohr halten, so laut schreit sie mich an: „Was? Emilia hat was? Das kann doch nicht wahr sein! Was fällt ihr ein, sowas zu machen, ohne mir Bescheid zu geben? Sie weiß doch genau, dass sie das nicht darf. Sie dürfen Sie gar nicht aufnehmen, das ist meine Tochter, ich werde die Polizei rufen."

Ich atme tief durch. „Frau Emser, ich verstehe, dass das gerade überraschend für Sie ist. Emilia hat sich in einer für sie schwierig empfundenen Situation befunden, und es war wichtig, schnell zu handeln, um ihr vorübergehend Sicherheit zu geben."

„Aber was heißt das denn überhaupt?" Ihre Stimme wird lauter. „Warum sollte sie das tun? Das ist doch lächerlich! Bei uns geht's ihr gut, das weiß sie genau, die soll sich nicht so anstellen."

Ich versuche, geduldig zu bleiben und erkläre ihr, dass die Entscheidung für die Aufnahme dazu dient, Emilia erst einmal eine geschützte Umgebung zu bieten, in der wir gemeinsam schauen können, was sie braucht. Aber Frau Emser hört kaum zu, unterbricht immer wieder, und ihre Empörung scheint sich nur weiter zu steigern.

„Ich verstehe, dass das schwer ist“, sage ich ruhig. „Wichtig ist jetzt aber, dass wir einen guten Weg für Emilia finden, der für alle Beteiligten funktioniert.“

Ich halte das Gespräch in Anbetracht der Tatsache, dass es mittlerweile 22:00 Uhr ist, kurz. Ich sage ihr, dass es gerade vielleicht gut ist, dass beide Seiten jetzt erstmal die Möglichkeit haben, zur Ruhe zu kommen. Dass ich das Jugendamt informieren werde und dass sich morgen die zuständige Person melden wird, um einen Termin für ein klärendes Gespräch auszumachen, damit beide Sichtweisen, von Eltern und Kind, gehört werden können. Die Mutter gibt sich damit erstmal zufrieden. Es tutet, sie hat aufgelegt.

Seit dem Nachmittag bin ich nun im Dienst und erst jetzt merke ich, wie ereignisreich der Abend bisher war. Ich merke, dass ich seitdem kein einziges Mal richtig durchgeatmet habe, kein einziges Mal auf der Toilette war, und außer einem Kaffee habe ich auch nichts verzehrt.

Ich hole also erstmal meinen mitgebrachten Nudelsalat heraus und stochere darin, während ich meinen wild durcheinander geschriebenen Notizzettel versuche wieder zu entziffern und tippe alles in den Computer. Eine richtige Essenspause ist nicht drinnen, sonst werde ich definitiv nicht mehr alles vor Dienstende schaffen und muss Überstunden machen. Es ist also nochmal volle Konzentration gefragt.

Eine Stunde später bin ich fertig mit meiner Dokumentation. Zufrieden, aber sehr müde, schalte ich den Computer aus und mache mich auf den Weg auf die Gruppe, um den Nachtdienst noch etwas zu unterstützen. Auf der Gruppe ist es aber heute glücklicherweise schon einigermaßen ruhig, keiner ist mehr wach. Das ist gar nicht so selbstverständlich, denn manchmal machen die Jugendlichen die Nacht zum Tag und dann ist noch großes Halligalli um diese Uhrzeit.

Ich setze mich also zu meiner Kollegin ins Büro und wir sprechen nochmal über unsere Neuaufnahme. Wir machen uns Sorgen, dass sie hier abrutschen könnte. Sie hat schon Tendenzen zu Drogen und scheint leicht beeinflussbar zu sein. Das einzige freie Bett war bei Lia im Zimmer. Ob sie der richtige Umgang für Emilia sein wird, bezweifeln wir beide.

Aufgrund der bestehenden Überbelegung gibt es aber aktuell keine andere Möglichkeit. Wir können den Jugendlichen nicht mal den Schutzraum bieten, den sie brauchen. Ich raufe mir die Haare und starre erschöpft an die Wand.

„Puuh, die Aufnahme heute war wirklich anstrengend, ich kann auch noch gar nicht so richtig sagen, welche Aussage jetzt stimmt, die der Mutter oder die von Emilia, hier steht mal wieder Aussage gegen Aussage!“ Meine Kollegin nickt wissend, jeder von uns kennt diese Situation.

Mein Blick fällt auf die leise tickende Wanduhr, 00:00 Uhr, es wird Zeit, heimzugehen. Ich verabschiede mich von meiner Kollegin. Sie ist nun allein für alle Jugendlichen zuständig. Gerade einmal die Wachdienste stehen ihr zur Seite.

~

Als ich die Einrichtung verlasse, merke ich, dass sich ein beklemmendes Gefühl in meiner Brust ausbreitet. Die Nacht ist längst angebrochen, und eigentlich ist die Schicht vorbei – aber Luke ist noch immer nicht zurück. Es ist nicht irgendein Jugendlicher, sondern ein Jugendlicher mit einer wirklichen großen Drogenproblematik. Das Wissen darum lässt mir einen kalten Schauer über den Rücken laufen, während ich mich in Richtung Bahnhof auf den Heimweg mache. Er könnte hier überall sein, hat vielleicht gerade mal wieder eine zu hohe Dosis genommen.

Mein Körper ist angespannt und nervös blicke ich umher, das Gefühl wachsend, dass er plötzlich vor mir am Boden liegen könnte. Die Straßenlaternen werfen lange Schatten, und ich merke, dass ich mich gedanklich durch alle möglichen Szenarien bewege.

Kurz darauf erreiche ich den Bahnhof.

~

Die Türen schließen sich mit einem leisen Zischen, und der Zug setzt sich ruckartig in Bewegung. Ich starre aus dem Fenster, sehe die verschwommenen Lichter der Stadt an mir vorbeiziehen, doch eigentlich sehe ich nichts. Mein Kopf ist voll, mein Körper schwer. Dann bricht es aus mir heraus.

Ich merke, wie meine Kehle sich zuschnürt, wie meine Brust sich hebt und senkt, als würde ich nach Luft ringen. Tränen steigen mir in die Augen, heiß und unaufhaltsam. Ich blinzle hastig, drehe mich leicht zur Seite, presse meine Hand gegen mein Gesicht - aber es hilft nichts. Alles ist zu viel.

Die Sorgen um die Jugendlichen, diese ständige Machtlosigkeit, wenn ich sehe, wie sie kämpfen, wie sie sich verlieren, und ich nicht weiß, ob das, was ich tue, genug ist. Der Anruf bei der Mutter, ihre angespannte Stimme, ihr Zweifel, ihr Schmerz - habe ich die richtigen Worte gefunden? Habe ich genug getan?

Meine Gedanken kreisen, endlos, quälend. Manchmal fühlt es sich an, als würde ich gegen eine Wand rennen, als wäre all meine Mühe ein Tropfen auf dem heißen Stein. Dieser Beruf, diese Verantwortung - sie frisst mich auf, an manchen Tagen mehr als an anderen. Ein leiser Schluchzer entweicht mir, und ich presse die Lippen zusammen, versuche, mich zu sammeln. Ich will nicht, dass jemand es sieht, nicht hier, nicht jetzt.

Der Zug hält an, Menschen steigen aus, andere ein. Ich atme tief durch, wische mir unauffällig über die Wange. Morgen geht es weiter. Morgen werde ich wieder da sein. Aber jetzt, in diesem Moment, fühlt sich alles einfach nur schwer an.

Ich lehne mich zurück, lasse die Hände in den Schoß sinken und spüre, wie nach und nach mehr Ruhe in mir aufsteigt. Nur noch das leise Rattern der Bahn, und der Gedanke, dass ich es für heute geschafft habe.

~

Der Wecker klingelt, und ich blinzele in das erste, zaghafte Tageslicht, das durch mein Fenster fällt. Mein Körper fühlt sich schwer an, jede Faser erinnert mich an den gestrigen Tag. Ich drehe mich auf den Rücken, starre an die Decke und atme tief durch. Der Zug. Die Enge. Die Tränen, die ich nicht mehr zurückhalten konnte.

Mein Magen zieht sich kurz zusammen, als die Erinnerung wieder hochkommt. Solche Momente habe ich selten – oder vielleicht doch öfter, als ich es mir eingestehen will. Aber gestern war es einfach zu viel. Die Sorgen, die Verantwortung, die Zweifel.

Ich lasse meine Hand über mein Gesicht wandern, streiche mir eine Strähne aus der Stirn und schließe für einen Moment die Augen. Dann atme ich aus. Es ist okay. Diese Arbeit fordert mich, jeden Tag aufs Neue. Aber genau das ist es doch, was sie so wertvoll macht. Ich spüre sie – nicht nur in meinem Kopf, sondern auch in meinem Herzen. Sie lässt mich nicht kalt. Und das ist gut so. Wenn ich irgendwann nach einem harten Tag nach Hause komme und nichts mehr fühle, wenn mich die Schicksale nicht mehr berühren, dann wäre das ein Zeichen, dass ich aufhören sollte.

Aber so weit bin ich noch lange nicht. Ich bin stolz auf das, was ich tue. Es ist nicht leicht, es wird nie leicht sein. Aber es ist richtig. Und es ist wichtig.

Ich setze mich auf, fahre mir durch die Haare und lasse den gestrigen Tag ein letztes Mal durch meinen Kopf ziehen. Dann stehe ich auf. Ein neuer Tag wartet.

~

Der Vormittag vergeht dann schnell und ich fange wieder um 16 Uhr an zu arbeiten.

Das Erste, was heute auf dem Plan steht, ist das Gespräch mit Emilia, ihren Eltern und dem Jugendamt. Die Dame vom Jugendamt hat sich extra noch am Nachmittag Zeit genommen, um mit allen Beteiligten gemeinsam zu sprechen. Ich empfange Emilia an der Türe, als sie außen von der Blumenbeet-Mauer, wie wir liebevoll den Treffpunkt der Jugendlichen vor dem Haus nennen, wieder hereinkommt, sie sieht sehr platt aus. Auf meine Frage, ob alles gut ist, nickt sie nur, sie scheint abwesend. Ich habe das Gefühl, sie hat nach weniger als 24 Stunden hier schon verstanden, dass es sich nicht um den ruhigen Schutzraum handelt, den sie sich erhofft hatte.

Ich kann ihr nur wünschen, dass sie es schafft, sich von den anderen abzugrenzen. Ich befürchte aber, so wie es meine Erfahrung zeigt, das könnte nicht ganz einfach werden.

Emilia scheint heute verängstigt, wahrscheinlich fürchtet sie sich davor, ihren Eltern unter die Augen zu treten. Ich ermutige sie und nehme sie mit in den Besprechungsraum. Hier sitzt schon Frau Lichtenberg-Falk vom Jugendamt und Emilias Eltern.

Kapitel 5 - Emilia

„Ja, wir schreien manchmal, aber das ist normal in einer Familie, besonders wenn man versucht, die Dinge im Griff zu behalten."

Mama und Papa sitzen mir jetzt also gegenüber, ich kann sie nicht ansehen und starre auf den Boden. Die Dame von Jugendamt ist eine freundlich aussehende junge Frau mit braunen, langen gelockten Haaren. Sie stellt sich als Frau Lichtenberg-Falk vor. Frau Lichtenberg-Falk eröffnet die Runde:

„Hallo Zusammen, mein Name ist Lichtenberg-Falk ich komme vom Jugendamt, neben mir sitzt die Kollegin hier aus der Schutzstelle, Frau Klein.

Erstmal vielen lieben Dank, dass Sie sich so schnell Zeit genommen haben, um heute gemeinsam über alles zu sprechen. Wir wollen uns zunächst alle Perspektiven einmal anhören und dann entscheiden, wie es weitergehen kann. Ich würde Sie als Eltern bitten, mir zunächst zu erzählen, was Sie denken, warum wir heute hier sitzen."

Meine Mutter setzt an:

„Also ich verstehe erstmal gar nicht, warum wir jetzt hier sind. Alles war eigentlich okay. Die ganze Welt dreht sich immer um Emilia. Ich verstehe nicht, warum sie jetzt so übertreibt. Ja, wir schreien manchmal, aber das passiert nur, wenn sie nicht hört oder ihre Hausaufgaben nicht macht. Wir sind manchmal einfach nur frustriert, weil sie nicht das tut, was wir ihr sagen. Das ist normal, oder? Manchmal macht sie auch wirklich Mist. Sie bestellt im Internet einfach Sachen auf unsere Kreditkarten, ohne uns zu fragen, da ist es doch normal, dass sie keinen Computer mehr nutzen darf … Wohin soll das denn noch führen?

Wir haben nie gesagt, dass sie faul oder undankbar ist. Sie interpretiert das alles falsch! Sie hat doch Freunde, die sie treffen kann. Sie macht nur immer einen großen Aufstand, wenn wir ihr sagen, dass sie ihre Zeit besser nutzen soll und im Haushalt mithelfen soll. Ihr Zimmer sieht aus wie eine Müllhalde und sie hat keine Lust zu putzen. Und die Freunde, die sie da alles so hat, die nehmen doch den ganzen Tag nur Drogen. Und sie macht denen alles nach, wenn die aus dem Fenster springen, dann tut sie es auch, eine richtige Mitläuferin.

Wir lieben sie und wollen nur, dass sie stark wird. Manchmal müssen wir eben laut werden, damit sie versteht, dass sie sich mehr anstrengen muss. Ich glaube nicht, dass das so schlimm ist. Wir machen uns nur Sorgen um ihre Zukunft und wollen, dass sie erfolgreich ist.

Wir können nicht ständig nach ihr sehen und alles für sie erledigen. Es ist schließlich unser Haus, und wir haben Regeln. Wenn sie nur zuhören würde, hätten wir nicht diese Probleme! Ich denke, es ist nicht fair, dass sie mit ihren übertriebenen Geschichten hierherkommt und uns schlechtmacht. Wir hatten noch nie etwas mit dem Jugendamt zu tun. Das Einzige, was mich belastet ist, dass mein Vater schwer herzkrank ist und wenn er das jetzt erfährt, dass wir Probleme mit dem Jugendamt haben, dann stirbt er und Emilia ist schuld!"

Bamm, das sitzt … Mir schießen sofort die Tränen in die Augen. Wie kann meine Mama nur so über mich reden? Ich kann doch nichts dafür, wenn Opa sterben sollte.

Frau Lichtenberg-Falk versucht meine Mutter zu beschwichtigen, die sich völlig in Rage geredet hat:

„Ich verstehe, dass Sie sich große Sorgen um Ihren Vater machen, das ist durchaus nachvollziehbar. Es ist nie einfach, solche Situationen zu bewältigen, besonders wenn es um die Gesundheit eines geliebten Menschen geht. Ich verstehe auch, dass die Situation mit dem Jugendamt gerade überfordernd scheint. Dennoch hat der gesundheitliche Zustand ihres Vaters nichts mit Emilia zu tun. Wenn sie Hilfebedarf sieht, dann kann sie sich den immer holen und trägt dabei keinerlei Schuld für das gesundheitliche Befinden des Opas, dies steht in keinerlei Zusammenhang."

Sie wendet sich zu mir:

„Jetzt möchte ich auch nochmal von Dir, Emilia hören, was Du dazu sagst!"

Sie übergibt mir das Wort und sagt, ich solle nochmal die Situation aus meiner Perspektive darstellen.

Ich berichte nochmal genau das, was ich auch in meiner Nachricht geschrieben habe. In der Anwesenheit meiner Eltern fällt es mir deutlich schwerer. Die Worte kommen nur stotternd aus meinem Mund, ich schaue dabei nur auf den Boden. Ich kann meine Eltern nicht ansehen.

Frau Lichtenberg-Falk fährt fort:

„Vielen Dank, dass Sie und Du Eure Sichtweise geschildert habt.

Ich verstehe, dass es in Familien oft stressig sein kann, und dass jeder versucht, das Beste für seine Kinder zu tun. Allerdings haben wir auch die Aussagen von Emilia gehört, und es gibt einige ernsthafte Bedenken, die wir klären müssen.

Ich verstehe, dass das Teenageralter eine herausfordernde Zeit für alle ist und dass es oft Stress gibt, sowohl für Eltern als auch für Kinder. Es ist nicht ungewöhnlich, dass Jugendliche manchmal Schwierigkeiten haben, die Regeln zu akzeptieren oder sich zu Hause wohlzufühlen.

Allerdings nehmen wir auch Rücksicht auf die ernsthaften Bedenken von Emilia. Jugendliche in diesem Alter sind besonders empfindlich, und sie brauchen ein sicheres und unterstützendes Umfeld, um sich emotional und sozial entwickeln zu können. Wenn sie sich zu Hause nicht sicher oder geliebt fühlt, kann das ernsthafte Folgen für ihre Entwicklung haben.

Es ist nicht in Ordnung, dass sie sich bedroht fühlt, selbst wenn es nicht so gemeint ist. Lautes Schreien oder körperliches Festhalten können bei einer Teenagerin zu einem Gefühl der Hilflosigkeit und Angst führen. Wir müssen sicherstellen, dass Emilia in einem Umfeld lebt, in dem sie sich sicher fühlt, und dass ihre Bedürfnisse ernst genommen werden.

Ich bin hier, um Ihnen nun Unterstützung anzubieten. Es wäre hilfreich, gemeinsam an der Kommunikation in Ihrer Familie zu arbeiten, damit alle besser miteinander umgehen können. Es gibt Programme, die speziell darauf ausgelegt sind, Familien in dieser Phase zu unterstützen, es gibt die Möglichkeit, dass jemand regelmäßig in Ihre Familie kommt und ihnen hilft, oder sie können sich auch entscheiden, dass es nicht mehr an einem

Wohnort zusammen weitergeht und eine Wohngruppe in Betracht gezogen werden muss.

Lassen Sie uns gemeinsam schauen, wie wir die Situation für Emilia und für Sie als Familie verbessern können. Wo sehen Sie sich?"

Mein Papa schnauft schwer durch:

„Ich finde es wirklich unfair, was hier gesagt wird. Es ist nicht so, dass wir unsere Tochter absichtlich verletzen. Wir sind einfach nur gestresst, und jeder hat mal schlechte Tage. Ich kann nicht glauben, dass sie hierherkommt und uns so etwas unterstellt. Ja, wir schreien manchmal, aber das ist normal in einer Familie, besonders wenn man versucht, die Dinge im Griff zu behalten.

Ich habe das Gefühl, dass sie übertreibt und unsere Erziehung schlecht macht. Wir haben immer alles für sie getan und ihr ein Dach über dem Kopf gegeben. Wenn sie sich nicht an die Regeln hält, müssen wir eben Konsequenzen setzen.

Es ist nicht einfach, mit einem Teenager umzugehen, der ständig gegen alles rebelliert. Ich habe das Gefühl, dass sie einfach nicht versteht, was es bedeutet, Verantwortung zu übernehmen. Ich will nicht, dass sie denkt, wir seien schlechte Eltern. Wir wollen nur, dass sie die beste Version ihrer selbst wird.

Ich bin hier, weil ich meine Familie schützen will, und ich finde es nicht richtig, dass unsere Erziehung jetzt infrage gestellt wird, nur weil sie mit der Situation nicht klarkommt."

~

Mit jeder Silbe meines Vaters falle ich mehr in mir zusammen, die Worte um mich herum werden leiser, ich fixiere mich nur noch auf einen Punkt an der Wand, ich kann das alles nicht mehr ertragen. Plötzlich schaffe ich es nicht mehr, die Maske aufrechtzuerhalten, ich falle schluchzend in mich zusammen, ich atme schwer, das ist einfach alles viel zu viel für mich.

Kathi geht mit mir kurz vor die Tür, damit ich durchatmen kann.

Die kurze Pause hilft mir, ich kann kurz verschnaufen und Abstand gewinnen.

Kathi redet mir gut zu, sie fragt, wie sie mir gerade helfen kann. Ich denke kurz nach, aber mir fällt einfach beim besten Willen nichts ein. Diese Situation gerade ist einfach nur schlimm und ich will das nun so schnell wie möglich hinter mich bringen.

Wir gehen wieder zurück in den Raum. Mit gesenktem Blick gehe ich wieder zurück auf meinen Platz. Kathi stellt mir noch ein Wasser hin und lächelt mir zu, ich nehme einen großen Schluck.

Frau Lichtenberg-Falk summiert alles bisher Gesagte:

„Ich verstehe, dass dies eine sehr emotionale Situation für alle Beteiligten ist, und ich danke Ihnen, dass Sie offen mit uns sprechen. Aber wir müssen jetzt klarstellen, dass wir hier in einer Sackgasse sind. Es steht Aussage gegen Aussage, und wir müssen die Sorgen von Emilia ernst nehmen.

Emilia hat deutlich gemacht, dass sie nicht nach Hause möchte, weil sie sich dort nicht sicher fühlt. Es ist wichtig, dass wir ihr in dieser schwierigen Zeit Gehör schenken. Deshalb wird sie jetzt vorerst hierbleiben. Wir werden gemeinsam daran arbeiten, die Situation zu beruhigen und zu klären, was als Nächstes zu tun ist.

Es ist nicht unser Ziel, die Familie zu zerreißen, sondern wir möchten sicherstellen, dass alle sicher und gut betreut sind. Ich werde mit Ihnen und Emilia zusammenarbeiten, um die Probleme zu verstehen und Lösungen zu finden, die für alle funktionieren.

Es könnte hilfreich sein, Unterstützung in Form von Gesprächen oder Beratungsangeboten in Anspruch zu nehmen.

Lassen Sie uns gemeinsam einen Schritt nach dem anderen machen, um diese Situation zu klären und sicherzustellen, dass Emilia die Unterstützung erhält, die sie braucht. Wir nehmen deswegen erstmal weiterhin Emilia hier auf und lassen ein paar Tage Abstand verstreichen."

Ich atme durch. Ich muss nicht nach Hause.

Meine Eltern sind davon, glaube ich, geplättet, sie wissen nicht mehr, was sie sagen sollen und willigen ein. Sie bemerken, glaube ich, langsam, dass daheim wirklich nicht immer alles gut gelaufen ist und sie mit dieser aufbrausenden Art nicht weiterkommen. Das Wohl des Kindes steht hier erstmal im Vordergrund, so hat es Frau Lichtenberg-Falk gesagt. Sie verabschiedet meine Eltern und diese würdigen mich keines Blickes, als sie gehen.

„Das war es dann wohl jetzt", denke ich. „Wie geht es jetzt weiter? Obwohl genau das passiert ist, was ich wollte, habe ich Angst, wohin komme ich jetzt?"

Erschöpft bleibe ich noch kurz mit Kathi sitzen.

Kapitel 6 – Kathi

„Es sind kleine Erfolge, oft unscheinbar, doch genau sie lassen einen wieder daran glauben, dass man tatsächlich etwas bewegen kann.“

Ich schaue Emilia mitleidig an, das war wirklich ein hartes Gespräch und heftige Aussagen ihrer Eltern. Sie sieht völlig fertig aus. Es ist normal, dass die Gefühle der Eltern etwas hochkochen, wenn sich ihr Kind an das Jugendamt wendet, aber diese Eltern haben wirklich kein Blatt vor den Mund genommen und haben ihrer Tochter einiges vorgeworfen. Gerade der Vorwurf, dass der Opa verstirbt, wenn Emilia sich Hilfe holt, ist emotionale Erpressung. Die Eltern haben auch den Eindruck gemacht, als wäre nicht unbedingt alles glaubwürdig, was sie da sagen, und als hätte es tatsächlich die eine oder andere Handgreiflichkeit gegeben.

Emilia tut mir leid, es ist wirklich nicht einfach, wenn man in so einer Familie aufwächst. Man wächst mit dieser Realität auf, sie ist normal für einen und als Kind hinterfragt man vielleicht gar nicht, ob das alles so richtig ist, was da daheim passiert. Sich da herauszuwinden, schaffen nicht viele.

Ich möchte deswegen Emilia die Situation, die wir gerade hier mit ihr haben, genauer erklären:

„Emilia, ich möchte, dass du weißt, dass du hier in Sicherheit bist und dass wir uns um dich kümmern. Es ist völlig normal, dass du dich in dieser Situation unsicher fühlst. Meine Kolleg*innen und ich sind hier, um dir zu helfen und zuzuhören. Dass Deine Eltern jetzt etwas aufbrausend reagieren, wenn sie mit Deinen Aussagen konfrontiert werden, das passiert hier regelmäßig. Dennoch ist der Vorwurf, mit deinem Opa absolut nicht gerechtfertigt, es ist Dein gutes Recht, für Dich einzustehen und daran ändert auch der Gesundheitszustand Deines Opas nichts. Da brauchst Du Dir kein schlechtes Gewissen einreden zu lassen.

Noch etwas Anderes: Ich möchte noch betonen, dass es wichtig ist, dass du verstehst, dass die Schutzstelle kein langfristiger Ort für dich ist. Dieser Ort soll dir helfen, zur Ruhe zu kommen und dich zu erholen, danach wird es eine andere Lösung geben müssen.

Deswegen möchte ich auch mit dir über die anderen Jugendlichen sprechen, die hier sind. Wir haben hier viele Jugendliche in schwierigen Lebenssituation, die dann vielleicht manchmal Dinge tun, die nicht so gut sind. Deine Eltern haben gesagt, dass Du dazu neigst, Dich anderen anzupassen, das macht mir etwas Sorgen.

Es ist hier wichtig, dass du dir überlegst, mit wem du dich umgibst, weil der Einfluss anderer einen großen Effekt auf dich und damit deine Zukunft haben kann. Achte am besten nur auf dich, um herauszufinden, was für dich wirklich wichtig ist und was dir guttut und wohin es in deiner Zukunft gehen soll. Das war jetzt erstmal viel heute. Welche Fragen hast Du gerade noch?“

Emilia schaut mich an und schüttelt nur den Kopf, sie scheint zu überfordert zu sein, um Fragen zu stellen.

„Wenn noch Fragen aufkommen sollten, es ist rund um die Uhr jemand für Dich da!“ Ich entlasse sie aus diesem sehr anstrengenden Gespräch, verabschiede mich von Frau Lichtenberg-Falk, die noch außen im Flur auf mich gewartet hat und lasse mir im Büro erstmal einen Kaffee raus.

Ich bin froh, dass Emilia einigermaßen einsichtig wirkt und hoffe, sie wird auf sich aufpassen.

~

Ich habe zwar eigentlich keine Zeit, um durchzuschnaufen, weil mein ganzer Schreibtisch noch voller Arbeit ist (schon allein die Dokumentation dieses Gespräches wird ewig dauern), dennoch ist es mir wichtig, dass auch ich kurz durchatmen kann, das war nicht ohne.

Ich setze mich auf meinen Drehstuhl und lehne mich zurück, ich strecke die Beine aus und lasse mich tief in den Sitz sinken. Ich spüre, wie die Anspannung langsam aus meinem Körper weicht. Ich versuche, mich kurz aufs Atmen zu konzentrieren. Diese kurzen Pausen – so klein sie auch sein mögen – sind so wichtig für mich in diesem emotionalen Arbeitsalltag. Wir arbeiten hier in einem so psychisch belastenden Beruf, dass, selbst wenn es nur ein paar Minuten sind, bevor ich mich wieder in das Geschehen stürze, sie Goldwert sind.

Ich bin Nichtraucherin und es ist das absolute Soziale-Arbeit-Klischee, aber hier habe ich angefangen, die Kolleg*innen zu beneiden, die rauchen. Eigentlich fatal und ich werde jetzt auch nicht damit anfangen, aber sie haben immer einen legitimen Grund, Pause zu machen. Eine kurze Kippe ist immer drin und wird immer akzeptiert, hier können sie sich austauschen, kurz herunterkommen, oder einfach nur kurz aus dem Alltag entfliehen. Selbst ich schleiche mich dann also auch oft zu den anderen nach draußen, einfach um für ein paar Minuten an der frischen Luft zu stehen und Pause zu machen. Das soll keine Werbung fürs Rauchen sein, deswegen würde es wohl absolut Sinn ergeben, genau so etwas für sich, als nichtrauchende Person zu finden, was gleichwertig gemessen wird.

Denn in der Pause geht es für mich, um mehr als nur Luft zu holen, es geht darum, mich für die nächsten Stunden wieder zu erden, um nicht irgendwann einfach abzustumpfen und auszubrennen. Das ist nämlich in dieser Arbeit gar nicht so abwegig. Man stumpft hier sehr schnell ab.

Anfangs, wenn man noch frisch ist, voller Energie und Hoffnung, glaubt man, wirklich etwas verändern zu können. Jeder Tag beginnt mit einem Funken Motivation, einem leisen Versprechen an sich selbst, diesen Jugendlichen zur Seite zu stehen. Doch mit der Zeit fängt die Realität an, an dieser Hoffnung zu nagen. Die harten Schicksale, die immer wiederkehrenden Rückschläge und die unzähligen Situationen, in denen man einfach nichts ausrichten kann, hinterlassen Spuren. Es ist ein schleichender Prozess: Man beginnt, sich von den Geschichten emotional zu distanzieren, aus Selbstschutz, weil sonst das Mitfühlen zu schmerzhaft würde.

Das Problem dabei ist, dass diese Distanz auch schnell zu einem Abstumpfen führt. Man hört die Schicksale, nickt und reagiert irgendwie, aber das Herz bleibt verschlossen. Dieser Zustand ist gefährlich, denn die Balance zu halten – mitzufühlen, ohne völlig auszubrennen – ist schwer und schnell verliert man die Energie, die es braucht, um wirklich präsent zu sein. Am Ende bleibt die Frage: wie lange kann man das wirklich aushalten, ohne dabei selbst innerlich zu verkümmern?

~

Was man sich in so kurzen Pausen auch bewusst werden kann, ist, dass nicht immer alles so ist, wie es hier ist. Das, in dem wir uns hier befinden, ist eine Realität, ja, aber es lohnt sich auch immer wieder in andere Realitäten zu schauen. Nur weil wir hier jeden Tag mit den schlimmsten Schicksalen umgeben sind, heißt das nicht, dass es auch Fälle gibt, in denen es anders läuft, das muss ich mir immer wieder klarmachen, sonst hat man irgendwann eine zu eingeschränkte Sicht und glaubt, nirgends läuft es gut. Und so ist es nicht. Wir können hier vielleicht sogar ein Stückchen dafür sorgen, dass es auch für diese Schicksale wieder bergauf geht.

Ich schüttle mich, ich muss jetzt weiterarbeiten, es ist noch einiges zu tun.

~

Nach getaner Arbeit gehe ich auf direktem Weg nach Hause, heute ist nicht mehr viel drinnen, es ist ja mittlerweile auch schon 00:00 Uhr. Der Tag war fordernd und morgen geht es hier schon wieder weiter.

Kapitel 7 - Emilia

„Nicht jeder, der dir Gutes tun will, tut dir Gutes!“

Das war anstrengend, Kathi bleibt noch kurz mit mir sitzen, ich kann kaum zuhören, aber sie wirkt sehr besorgt um mich. Alles, was ich gerade aber brauche, ist etwas Ablenkung.

Ich gehe deswegen raus an die Mauer. Erschöpft falle ich in mich zusammen. Lia hüpft zu mir auf die brüchige Mauer und unterbricht meine Gedanken. Sie bietet mir an, etwas mit mir unternehmen zu wollen, wir könnten ja Schminke shoppen gehen. Ich denke mir, dass das ein nettes Angebot ist, heute wirkt Lia tatsächlich auch richtig nett und offen. Vielleicht ist es auch gut, hier Kontakte zu haben und Lia scheint ja ganz anständig, rede ich mir ein. Ich denke also nicht weiter darüber nach, das ist genau die Abwechslung, die ich gerade brauche, komme was wolle.

Wir machen uns also auf den Weg zu einem nah gelegenen Drogeriemarkt.

Schon der Weg dorthin erscheint mir unheimlich und ich bereue es direkt, mitgegangen zu sein. Lia kauft sich keine Fahrkarte, verhält sich unfreundlich anderen Menschen gegenüber in der Bahn und zieht ständig an ihrer Vape. Es ist mir maximal unangenehm, dass alle in der Bahn uns anstarren. Zum Glück ist die Fahrt nur kurz und wir laufen danach noch ein Stück zu Fuß.

Vor Ort angekommen, ist Lia sofort in ihrem Element. Sie stürzt sich auf das Kosmetikregal und schnappt sich fast alles, was ihr in die Hände kommt. Es sieht aus, als würde sie alles gleichzeitig ausprobieren wollen. Lippenstifte, Foundation, Lidschatten – alles landet auf ihrer Haut in dicken, klobigen Schichten. Ich kann kaum fassen, wie schnell sie alles durcheinanderbringt. Ich spüre argwöhnische Blicke der anderen Kund*innen und fühle mich unwohl. Ich denke zurück, an das Gespräch vorhin mit Kathi. Das meinte sie vielleicht damit, dass sie sagte, dass die anderen manchmal Dinge tun, die nicht so cool sind.

Mein Instinkt sagt mir, ich sollte mich von Lia fernhalten und einfach gehen, aber irgendwas in mir bringt mich dazu, bei ihr zu bleiben. Vielleicht ist der Grund, dass ich einfach keine Lust habe, in die Einrichtung zurückzugehen. Der Gedanke an das Gespräch mit meinen Eltern schmerzt noch viel zu sehr.

„Guck mal, der hier könnte gut zu mir passen!“, ruft Lia plötzlich und durchbricht meine Gedanken, sie zeigt auf einen glitzernden Lidschatten. Gekonnt lässt sie ihn unauffällig in ihre kleine Handtasche fallen. Ich schaue sie entsetzt an. „Wir müssen damit aber noch zur Kasse gehen, die haben hier überall Kameras, das wird auffallen.“, versuche ich ihr einzureden. Aber sie hat ihre Entscheidung schon gefällt. Sie schaut mich nur böse an und zieht mich am Arm raus: „Sei leise, ich nehme den Lidschatten einfach so mit. Das interessiert die doch hier gar nicht. Der ist doch gar nichts wert. Das juckt mich nicht, das ist mir alles scheiß egal.“

Sie geht hinaus und es piept sofort.

Mit dem Piepen fängt sie an zu rennen. Sie zieht mich am Arm und schreit: „Emilia, Emilia!! Komm mit, wir gehen jetzt, wir gehen jetzt, renn, renn, renn um dein Leben!!“

Aber so schnell sind wir nicht. Meine Beine sind schwer. Ich stolpere nach ein paar Metern über eine Stufe und da sich mich immer noch am Arm zieht, fallen wir gemeinsam hin. Der Ladenbesitzer kommt auf uns zu und beugt sich über uns, er sagt: „Na ihr zwei Gören, ich rufe jetzt die Polizei, das wird Folgen haben.“

~

Die Polizei kommt und mir steigen die Tränen in den Augen auf. Das wollte ich doch gar nicht, ich wollte einfach nur Kontakte knüpfen und jetzt bin ich mit drinnen in diesem Schlamassel. Ich habe zwar nichts gestohlen, dadurch dass ich aber dabei war, hat mich die Polizei trotzdem auf dem Kieker. Sie nehmen auch meine Daten auf und rufen meine Eltern an, das macht die Stimmung mit ihnen bestimmt nicht besser.

Das Polizeiauto fährt uns zurück in die Schutzstelle. Dort angekommen, werde ich von den Betreuer*innen vorwurfsvoll angeschaut.

Besonders Kathi, die mich vorhin extra noch gewarnt hat, schaut mich kritisch an. „Wie konnte ich nur mit diesem Mädchen mitgehen?", ist der einzige Satz, der gerade in meinem Kopf herumgeht. Lia ist auch sauer auf mich, denn ich wäre ja schuld daran gewesen, dass wir es nicht geschafft haben, weil ich gestolpert bin. Die ganze Situation macht mich traurig und ich ziehe mich auf das Zimmer zurück. Lia scheint sich nicht weiter daran zu stören und macht sich direkt wieder auf die Socken, denn heute Abend beginnt in der Stadt das Stadtfest, da will sie einen drauf machen.

Ich muss mir all das erstmal etwas von der Seele schreiben:

16. Oktober

Nun bin ich schon 24 Stunden hier. Ich habe immer noch Angst, sogar mehr Angst als gestern. Ich kann die Leute hier nicht einschätzen, nach außen hin scheinen sie nett, aber nach innen wollen sie mir scheinbar nichts Gutes. Es gibt hier nichts und niemanden, dem ich vertrauen kann.

*Die Betreuer*innen sind auch nett, aber sie sind keine Freund*innen. Sie scheinen viel zu überlastet mit all den Kindern. Es ist so viel zu tun, es gibt überall Streitigkeiten, es gibt überall Gewalt. Ich habe Angst, Angst vor all dem hier, Angst vor meiner Zukunft.*

Habe ich mein ganzes Leben jetzt kaputt gemacht, indem ich hierhergekommen bin? Werde ich niemals ein normales Leben führen können? Werde ich in ein Heim kommen? Was passiert mit mir jetzt? Ich habe Angst!

Ich bin so müde. Ich lege mein Tagebuch zur Seite und ich schlafe ein.

~

Die nächsten Tage ignoriert mich Lia komplett, sie zeigt mir die kalte Schulter und wenn ich sie sehe, dann zischt sie mir immer Folgendes zu:

„Du dumme Schlampe, wegen Dir habe ich jetzt eine Anzeige mehr am Hals, verpiss Dich hier, Dich braucht sowieso keiner. Keiner auf dieser Welt braucht Dich."

Von Tag zu Tag werde ich trauriger, von meinen Eltern habe ich gar nichts mehr gehört, ich habe das Gefühl, sie haben schon damit abgeschlossen, eine Tochter zu haben und ich bin ihnen völlig egal. Mir gehen immer wieder ihre Sätze durch den Kopf:

„Die ganze Welt dreht sich immer um Emilia. Ich verstehe nicht, warum sie jetzt so übertreibt.

Manchmal macht sie auch wirklich Mist.

Sie macht nur immer einen großen Aufstand, wenn wir ihr sagen, dass sie ihre Zeit besser nutzen soll und im Haushalt mithelfen soll.

Und sie macht denen alles nach, wenn die aus dem Fenster springen, dann tut sie es auch, eine richtige Mitläuferin.

Wenn er das jetzt erfährt, dass wir jetzt Probleme mit dem Jugendamt haben, dann stirbt er und Emilia ist schuld!" Emilia ist schuld! Emilia ist schuld. Emilia ist schuld. EMILIA IST SCHULD."

Der Satz bleibt als Dauerschleife in meinem Kopf. Ich kann nicht mehr, ich bin schuld an allem, hätte ich nur diese Nachricht nicht geschrieben. Dann schlagen mich eben meine Eltern, ich gehe einfach wieder nach Hause und lasse das alles noch fünf Jahre über mich ergehen. Dann bin ich eh 18 und keiner kann mir mehr was.

Ich sitze auf dem schmalen Bett, die Beine unter mir eingeknickt, und starre auf die Wand, die voller Risse ist. Es ist, als wäre jeder Riss ein kleiner Abgrund, in den ich jederzeit fallen könnte. Ich höre das leise Murmeln der anderen Jugendlichen aus den Fluren, aber ihre Stimmen scheinen weit weg, als ob sie in einer anderen Welt leben.

Die Gedanken in meinem Kopf hören nicht auf, sie drehen sich und ich kann mich einfach nicht mehr kontrollieren.

~

Ich greife in meine Tasche und fühle dort noch eine Scherbe der Vase meiner Mutter, die noch dortgeblieben ist. Sie ist scharf und gefährlich und erinnert mich auch gleichzeitig wieder an meiner Mutter und wie sauer sie war, als ich die Vase aus Versehen habe fallen lassen.

Ich schaue auf die Scherbe, und ein Teil von mir weiß, dass ich das nicht tun sollte. Sie glänzt verführerisch, ich kann die Welle der Traurigkeit und der Wut nicht mehr zurückhalten. „Niemand will dich", flüstert eine Stimme in meinem Kopf, „niemand liebt dich." Es fühlt sich an, als würde diese Stimme immer lauter, als würde sie von den Wänden widerhallen.

Mit zitternder Hand führe ich die Scherbe an meinen Arm. Das kalte Porzellan trifft meine Haut, und ich halte den Atem an. Ein kurzer Schnitt - so einfach, so schmerzhaft und gleichzeitig befreiend. Der Schmerz lenkt mich ab, gibt mir einen Moment der

Kontrolle über mein Leben, das sich anfühlt wie ein wütender Sturm. Es ist, als ob ich für einen kurzen Augenblick die Dunkelheit vertreiben kann, die in mir wohnt.

Tränen steigen mir plötzlich in die Augen. Ich wische sie hastig weg, denn ich will nicht schwach erscheinen. Ich will nicht, dass jemand kommt und sieht, was ich getan habe. Vor allem nicht Lia. Der Gedanke daran, dass sie es entdecken könnten, macht mich noch verzweifelter. Im selben Moment spüre ich eine tiefe Einsamkeit, die wie ein schwerer Stein in meinem Magen sitzt. Ich hätte das nicht tun sollen.

Ich fühle mich gefangen in diesem Raum, in dieser Welt, die mich nicht will. Ich habe alles verloren – meine Familie, meine Freunde, das Gefühl von Sicherheit. Es ist meine Schuld, das weiß ich. Ich habe mich selbst in diese Situation gebracht, und jetzt gibt es kein Zurück mehr. Ich bin die Schande, die niemand haben möchte, die Versagerin, die es nicht einmal geschafft hat, die eigenen Eltern glücklich zu machen.

~

Während ich dasitze, die Scherbe in der Hand, wird mir klar, dass ich diese Dunkelheit nicht allein bekämpfen kann.

Ich starre auf meinen Arm, der jetzt blutet. Der Schnitt war tiefer, als ich gedacht hatte. Panik überkommt mich, als ich realisiere, dass ich nicht einfach so weitermachen kann. Mein Herz rast, und ich fühle mich schwindelig. „Was habe ich nur getan?" Ich kann das nicht allein schaffen. Die Gedanken schwirren wild in meinem Kopf, während ich verzweifelt nach einer Lösung suche.

Ich stehe auf und gehe zur Tür. Mein Kopf ist schwer, und ich habe das Gefühl, dass mir die Wände näherkommen. Ich laufe so schnell ich kann über den Flur hin zum Betreuer*innen-Büro und klopfe hastig an die Tür. Kathi öffnet und schaut mich an. Ihr Gesichtsausdruck wechselt von Verwunderung zu Besorgnis.

„Was ist los?", fragt sie, als sie meine blassen Wangen sieht und die Panik in meinen Augen bemerkt.

„Es ist … Ich habe mich …" Meine Stimme bricht, und ich kann nicht mehr weitersprechen. Stattdessen hebe ich meinen Arm und zeige ihr das Blut, das über meine Haut läuft. Ich bin so beschämt, dass ich das getan habe. Ihr Blick weicht nicht von meinem Arm.

„Okay, ruhig bleiben, das können wir nicht hier verarzten", sagt sie schnell, aber sanft. „Wir müssen ins Krankenhaus. Du bist nicht allein, ich bin hier, um dir zu helfen."

Ich nicke, obwohl ich innerlich zittere. Die Angst frisst mich auf, aber gleichzeitig spüre ich einen kleinen Funken Hoffnung. Vielleicht wird alles wieder gut. Sie packt eine kleine Erste-Hilfe-Tasche, während sie mir leise zuspricht, dass ich es schaffen kann.

Im Auto sitzt sie neben mir und redet mit ruhiger Stimme, während wir fahren. „Es ist mutig, dass du zu mir gekommen bist. Viele würden einfach weglaufen und das ignorieren. Aber du hast dich entschieden, um Hilfe zu bitten, das ist der erste Schritt."

Ich schaue aus dem Fenster, während wir nochmal über den Diebstahl reden. Ihre Worte sind wie ein sanfter Wind, der durch meinen chaotischen Kopf bläst. „Es ist okay, Fehler zu machen. Jeder macht sie. Aber es ist wichtig, dass wir darüber sprechen und Lösungen finden, anstatt uns selbst zu verletzen."

Als wir im Krankenhaus ankommen, fühle ich mich wie ein Häufchen Elend, aber gleichzeitig ist da eine leise Zuversicht.

~

Wir sitzen im Wartezimmer des Krankenhauses, und die sterile Kälte des Raumes fühlt sich so erdrückend an. Um uns herum das ständige Summen von Gesprächen und das Rattern von Rollstühlen. Irgendwo in der Ferne schreit ein Baby. Ich schaue nervös auf meine Hände, die noch immer ein wenig zittern. Kathi sitzt neben mir, ihre Präsenz gibt mir ein kleines bisschen Sicherheit inmitten all der Gefühle in meinem Kopf.

Plötzlich bemerke ich, dass sie auf die Uhr schaut. „Was ist los?“, frage ich vorsichtig, als ein beklemmendes Gefühl in mir aufsteigt.

„Mein Dienst endet bald“, sagt sie und sieht mich an. Ihre Augen sind warm und beruhigend, aber ich kann die Sorge darin erkennen.

Ein Teil von mir will aufschreien, weil ich so viel Angst habe, dass sie einfach geht und mich allein lässt. „Aber was machen wir dann? Was passiert, wenn du weg bist?“ Meine Stimme klingt hilflos, und ich spüre, wie die Tränen wieder drohen, meine Wangen hinunterzukriechen.

Sie lächelt sanft und legt eine Hand auf meinen Rücken. „Wir haben das zusammen angefangen, und wir werden es auch zusammen zu Ende bringen.

Egal, wie lange es dauert. Ich werde hierbleiben, bis du behandelt wirst. Ich bin nicht einfach weg."

Ich blinzele und starre sie an. Irgendwie fühlt es sich an, als würde sie mir einen Teil von sich selbst schenken. Diese Aussage trifft mich tief - es ist nicht nur ein Versprechen, sondern auch eine Art Verbindung, die wir gerade herstellen. Ich fühle mich plötzlich weniger allein, und die Kälte des Raumes scheint ein wenig zu weichen.

„Du bist nicht einfach ein Projekt für mich", fährt sie fort. „Ich bin hier, weil ich will, dass du weißt, dass es Hoffnung gibt und dass du wertvoll bist. Wir gehen diesen Weg gemeinsam, Schritt für Schritt. Du musst nicht alles allein tragen."

Ihre Worte lösen etwas in mir aus. Ich hatte bisher das Gefühl, dass ich hier niemanden habe, auf den ich mich verlassen konnte. Die anderen Jugendlichen sprechen auch immer so schlecht über die Betreuer*innen, da dachte ich, ich kann ihnen auch nicht vertrauen. Aber jetzt, in diesem Moment, wird mir klar, dass sie wirklich bereit ist, für mich da zu sein. Es ist mehr als nur ein Job für sie - es ist eine echte Verbindung.

„Danke", flüstere ich, und ich merke, wie ich den Kopf senke. Es ist mir peinlich, so verletzlich zu sein, aber gleichzeitig fühle ich mich erleichtert. Es ist, als hätte sie mir eine Hand gereicht, um mich aus dem tiefen Loch zu ziehen, in dem ich stecke.

Während wir weiter warten, beginnt sich meine Sichtweise auf sie zu verändern. Sie ist nicht nur eine Betreuerin - sie wird zu einer Person, die sich um mich kümmert, die mir etwas bedeutet. Vielleicht kann ich ihr wirklich vertrauen. Vielleicht kann ich ihr zumindest beginnen zu vertrauen.

Im Behandlungsraum kümmert sich die Ärztin gut um mich, und die Betreuerin bleibt die ganze Zeit an meiner Seite. Sie hält meine Hand und lächelt ermutigend. „Du bist stark", sagt sie. „Das hier wird dir helfen, wieder auf die Beine zu kommen."

Ich schließe die Augen und atme tief durch. Vielleicht kann ich diesen Albtraum hinter mir lassen und einen neuen Anfang wagen. Es wird nicht einfach, aber ich spüre, dass ich nicht mehr allein bin. Die Dunkelheit mag noch da sein, aber vielleicht gibt es auch Licht, das ich noch nicht sehen kann.

Kapitel 8 - Kathi

„Es sind die Momente, in denen Dir gesagt wird: Du bist scheiße, aber ich mag Dich trotzdem."

Puuh, das war wirklich ein langer und aufregender Tag. Anfangs dachte ich, es wird ein ruhiger Dienst, ein eher langweiliger Tag. Aber dann, als plötzlich Emilia vor der Tür stand - kalkweiß im Gesicht und mit einem blutenden Arm - wusste ich, dass heute alles anders laufen würde. Der Tag wurde noch viel intensiver, als ich mir je hätte vorstellen können.

Mittlerweile ist es 2:00 Uhr, das Dienstauto ist abgestellt und Emilia wieder zurück in der Schutzstelle. Alle Züge nach Hause sind bereits abgefahren. Ich bin gezwungen, mir ein Taxi zu rufen, sonst würde ich wohl heute nicht mehr nach Hause kommen.

Das Taxi kommt schnell, was mich etwas beruhigt. Die Straßen sind leer, fast gespenstisch still. Ich kuschle mich in die Rückbank, die Müdigkeit überkommt mich, und schon während der Fahrt fallen mir langsam die Augen zu. Der Tag zieht noch einmal vor meinem inneren Auge vorbei, jede einzelne Szene, jeder Moment.

Der Krankenhausbesuch hat mich anders getroffen, als ich dachte. Krankenhäuser sind für mich ohnehin keine Wohlfühlorte. Da meine Tante gerade erst dort verstorben ist, ist dieser Ort nun sogar beängstigend für mich. Ich hätte Emilia gern gesagt, dass auch ich Angst hatte, dass dieser Ort mich an Dinge erinnert, die ich lieber vergraben würde. Aber als ihre Betreuerin sollte ich nicht zu viel von mir preisgeben, zumindest nichts allzu Privates - und das hat sich zu privat angefühlt. Es ist ein ständiges Abwägen, wie viel Nähe ich zulassen kann, ohne meine professionelle Distanz zu verlieren.

Nähe und Distanz - das ist der Drahtseilakt, den ich täglich gehe, den alle in der Sozialen Arbeit gehen müssen. In meiner Arbeit brauche ich Nähe, um Vertrauen aufzubauen. Aber wenn ich mich zu sehr öffne, riskiere ich, mich selbst angreifbar zu machen. Die Jugendlichen sollen mich nicht nur in meiner Rolle als Betreuerin sehen, sondern auch als einen Menschen, der Verständnis zeigt. Doch wie viel kann ich von mir zeigen, ohne dass es zu viel wird? Wie viel Nähe ist gesund, wenn man gleichzeitig eine Grenze wahren muss? Es ist eine ständige Herausforderung, sich selbst nicht zu verlieren, während man so viel von sich gibt.

Die Straßenlichter ziehen an mir vorbei, und ich denke an Emilia. Trotz all meiner Angst und

Unsicherheit hatte ich heute das erste Mal das Gefühl, dass Emilia merkt, dass sie mir vertrauen kann.

Vertrauen zu unseren Jugendlichen aufzubauen ist nicht immer einfach, sie haben einfach selten erlebt, dass jemand sich an Abmachungen hält und für sie da ist, zu oft haben sie Vertrauensabbrüche erlebt.

Als ich dann aber heute zu ihr gesagt habe, dass ich dableibe, egal wie lange es dauert, habe ich gemerkt, dass sich in unserer Beziehung etwas geändert hat.

Genau das sind solche Momente, weswegen ich diese Arbeit mache. Man muss sich hier an den kleinen Dingen messen. Wir schaffen oft nicht das ganz Große, aber manchmal sind es diese kleinen Momente, in denen sich jemand freut, weil Du ihm etwas Gutes tust.

~

Es sind die Momente, in denen ein Jugendlicher, nach Monaten des Widerstands plötzlich etwas Vertrauen zeigt.

Es sind die Momente, in denen Dich eine Jugendliche von allein anlächelt, obwohl sie dich sonst keines Blickes würdigt.

Es sind die Momente, in denen Dir gesagt wird: „Du bist scheiße, aber ich mag Dich trotzdem".

Es sind die Momente, in denen etwas funktioniert, was Du mit den Jugendlichen ausgemacht hast.

Es sind die Momente, in denen Du mit einem Jugendlichen ein gutes Gespräch führst, ganz, ohne dass Drogen ein Thema sind.

Es sind die Momente, in denen jemand endlich ausziehen kann, obwohl die Person schon fast ein Jahr bei euch wohnt.

Es sind die Momente, in denen ein Jugendlicher, der sonst sehr schnell ausrastet, sich zügeln kann und einen Konflikt anders löst.

Es sind die Momente, in denen jemand freiwillig sein Geschirr in die Spülmaschine stellt.

~

Und genau so einen Moment hatten wir heute. Solche Augenblicke sind selten, aber sie sind unbezahlbar.

Es sind kleine Siege, oft unscheinbar, doch genau sie lassen einen wieder daran glauben, dass man tatsächlich etwas bewegen kann. Denn in einer Welt, die den Jugendlichen oft nichts Gutes gezeigt hat, ist Vertrauen kostbar. Solche Verbindungen sind nicht nur für die Jugendlichen, sondern auch für uns Mitarbeitende bedeutsam – sie geben uns das Gefühl, dass wir eben doch gebraucht werden, dass unsere Arbeit nicht spurlos an den Menschen vorbeigeht.

All diese Augenblicke erinnern einen daran, dass man trotz allem nicht allein für das System arbeitet, sondern für die Menschen, die es nutzen. Sie geben einem die Kraft, nach schweren Tagen weiterzumachen und zeigen einem, dass jeder kleine Fortschritt zählt.

Es war viel heute und obwohl ich gerade so müde bin, weiß ich schon jetzt, dass ich daheim wieder nicht schlafen kann, weil all das Erlebte noch in mir spuken wird.

~

Daheim angekommen springe ich noch kurz unter die Dusche, wasche die Arbeitsgerüche von mir ab, ziehe mein übergroßes Schlaf-Shirt an und putze meine Zähne. Ich schlüpfe dann zu meinem Freund ins Bett, er schläft wahrscheinlich schon seit einiger Zeit.

Ich bin müde, aber gleichzeitig auch aufgekratzt.

~

In den letzten Jahren habe ich einiges herausgefunden, was mir hilft, nach der Arbeit herunterzukommen.

Am allerliebsten spreche ich nach der Arbeit noch kurz mit meinem Freund, dieser ist nämlich Informatiker und hat somit gar keinen Bezug zu meiner Arbeitsrealität. Er kann mir andere Sichtweisen aufzeigen und ich kann somit aus meiner Blase der immerwährenden Hilfe heraus flüchten. Was ich auch gern mache, ist Sport, da hilft mir besonders laufen gehen oder Rennrad fahren, das lastet mich dann neben der sowieso schon ausgepowerten Psyche noch körperlich aus.

Wenn mein Freund aber nicht da ist, ich keine Zeit oder Motivation für Sport aufbringen kann, oder wie heute, es schon sehr spät ist, dann schreibe ich auch gerne Tagebuch, das tut mir besonders gut:

1. Du vergisst weniger Dinge, auch kleine Erinnerungen bleiben erhalten. Zum Beispiel, wenn gute Dinge in der Arbeit passiert sind, egal wie klein sie sind, können sie hier festgehalten werden und Du kannst sie jederzeit nachlesen, wenn Du mal wieder an der Sinnhaftigkeit Deiner Arbeit zweifelst.

2. Es hilft im Nachhinein Situationen zeitlich einzusortieren, denn oftmals vergesse ich, in welchem Zeitraum Dinge passiert sind. Ich kann mir somit besser merken, wann ich was erlebt habe, wann zum Beispiel welche Jugendlichen im Haus waren.

3. Es hilft, eine Situation nochmal mit Abstand zu betrachten, dann hat man vielleicht einen klareren Blick auf etwas. Oft ist man am Ende eines Tages so ausgelaugt, dass man Situationen gar nicht mit Abstand betrachten kann. Wenn ich sie mir aber aufschreibe und ein paar Tage später nochmal ansehe, dann kann ich Erlebnisse und Vorkommnisse vielleicht ganz anders einordnen.

4. Man kann allen Emotionen freien Lauf lassen, denn es gibt keine Beschränkung und Restriktionen. Beim Reden mit anderen Menschen schränkt man sich immer etwas ein, was man sagt. Im privaten Tagebuch kann aber wirklich alles raus, auch jegliche Wut, die sich den ganzen Tag in der Arbeit angestaut hat.

Für jede*n sind es andere Dinge. Zum Beispiel etwas lesen, musizieren, oder die liebste Serie anschauen kann auch großartig sein. Jeder und jede muss da für sich herausfinden, was einem guttut.

Heute lege mich aber einfach nur ins Bett, ich bin zu müde fürs Tagebuchschreiben, ich kuschle mich an meinen Freund und bin dankbar für mein Zuhause und meine Privilegien, denn das lerne ich durch meine Arbeit sehr zu schätzen.

Kurz darauf fallen mir auch schon meine Augen zu und ich schlafe ein.

~

Ich laufe durch endlose, graue Flure. Die Wände wirken bedrückend, fast erdrückend. Türen reihen sich an Türen, alle verschlossen. Ich rüttele an den Klinken, versuche, sie zu öffnen, doch nichts gibt nach. Es ist, als ob ich überall einen Ausweg suche, aber keinen finden kann. Ein beklemmendes Gefühl steigt in mir auf - das Gefühl, ständig etwas tun zu müssen, aber nicht zu wissen, wo ich anfangen soll.

Plötzlich höre ich Stimmen. Erst leise, dann immer lauter, bis sie fast unerträglich sind. Schreie, Weinen, wütende Beschimpfungen. Ich will helfen, will reagieren, aber ich sehe niemanden. Ich renne die

Flure entlang, schneller und schneller, aber die Stimmen sind überall um mich herum, unerreichbar und doch so nah. Ich kann niemanden finden, obwohl ich weiß, dass sie da sind und mich brauchen.

Dann stehe ich vor einer Tür, die offen ist. Ich trete zögernd ein und finde mich in einem großen Raum wieder, voll von Jugendlichen. Sie sitzen verstreut, in ihren Augen eine Mischung aus Wut und Hoffnungslosigkeit. Ich kenne ihre Gesichter – Emilia, Luke, Lia – aber sie starren durch mich hindurch, als wäre ich Luft. Ich will auf sie zugehen, will ihnen helfen, aber ich kann mich nicht bewegen. Meine Beine sind wie festgefroren, meine Stimme bleibt mir im Hals stecken.

„Warum machst du nichts?“, höre ich plötzlich Emilias Stimme. Sie sitzt da, allein auf einem Bett, und sieht mich mit leerem Blick an. „Du wolltest doch helfen. Schau, was jetzt aus mir geworden ist!“ Ihre Worte treffen mich wie ein Schlag. Ich will etwas sagen, erklären, dass ich es versuche, dass ich alles gebe, aber es fühlt sich so an, als wäre ich machtlos. Meine Kehle ist trocken, kein Laut kommt heraus. Ich versuche, die richtigen Worte zu finden, doch alles bleibt in mir gefangen.

Um mich herum beginnt der Raum zu zerfallen. Wände bröckeln, Fenster zersplittern. Die Jugendlichen stehen auf, einer nach dem anderen, und verschwinden in einem Strudel voller Dunkelheit. Ich strecke die Hand aus, versuche, sie zu erreichen, doch sie gleiten mir durch die Finger, als wären sie nichts weiter als Schatten. Alles zerfällt um mich herum, und ich stehe da, mittendrin, unfähig, etwas zu tun.

Dann, ohne Vorwarnung, beginnt das Gebäude zusammenzubrechen, die Trümmer stürzen herab, und ich stehe einfach da, wie erstarrt. Alles geht so schnell, wird lauter und lauter, bis plötzlich alles still wird. Die Szenerie verschwindet. Ich spüre ein Kribbeln in meiner Hand. Mein Herz rast. Mein Körper ist schwitzig, ich reibe mir die Augen. Ich bin erleichtert, es war nur ein Traum. Alles ist gut, die leuchtende Weckeranzeige zeigt 4:21 Uhr. Ich drehe mich nach rechts. Mein Freund schlummert selig neben mir, hat nichts von meinem schrecklichen Alptraum mitbekommen.

Mir passiert das öfter, wenn ich nach der Arbeit nicht richtig herunterkommen konnte. Es ist der gleiche Traum wie so oft, der gut die Angst aus der Realität widerspiegelt. Der ständige Druck, helfen zu wollen, aber nicht zu können. Manchmal ist es, als würde ich mich in einem Kreislauf drehen –

kämpfen, anstrengen, und doch immer wieder das Gefühl haben, dass es nicht genug ist.

~

Der nächste Morgen. Um 8:00 Uhr wache ich dann final auf, in der hintersten Ecke meines Gedächtnisses kann ich mich noch an den Traum von heute Nacht erinnern, er ist aber zum Glück verblasst und die restliche Nacht habe ich geschlafen wie ein Stein. Ich schäle mich aus dem Bett, ziehe das Wärmste an, das ich finden kann, schnappe mir meinen ToGo-Becher, lasse mir einen Kaffee ein und gehe los.

Es ist Montagmorgen, und in der aufgehenden Sonne gehe ich durch den bei mir angrenzenden Park spazieren. Ich habe heute frei. Gestern habe ich bis 2:00 Uhr gearbeitet und trotzdem bin ich schon wieder so früh wach und das, obwohl ich so schlecht geträumt habe.

Ich kann am Morgen auch nicht länger schlafen, da so bald mein Freund das Haus verlässt, ich auch wach bin. Ich krabbele also oft schon in der Dämmerung aus dem Bett, nehme mir einen Kaffee und gehe dann eine entspannte Runde, um die Häuser, einfach um den Kreislauf in Schwung zu bringen, um schon mal ein paar Schritte am Morgen zu sammeln. Einfach um für mich zu sein, um nachzudenken und um nun alles zu reflektieren, was gestern Abend und in meinem Traum passiert ist.

Es ist auch mein einziger freier Tag diese Woche, morgen habe ich schon wieder Dienst um 8:00 Uhr. Die Tage danach sind auch voll mit Arbeit und das kommende Wochenende habe ich auch nicht frei. Ich will den Tag heute also richtig genießen.

Der Himmel trägt noch das sanfte Grau des beginnenden Tages, und die Luft ist frisch und kühl, ein Hauch von Feuchtigkeit hängt noch in den Bäumen. Ich halte meinen Kaffee fest in der Hand, der Dampf steigt auf, und der Duft des heißen Getränks vermischt sich mit der frischen Morgenluft.

Die Bäume stehen ruhig und still, ihre Blätter glänzen noch vom nächtlichen Tau. Einige Vögel zwitschern vorsichtig in den hohen Ästen. Der Weg unter meinen Füßen ist weich und einladend.

Ich atme tief ein, der heiße Kaffee wärmt meine Hände, und langsam, ganz langsam, beginne ich, mich von all dem Stress von gestern zu lösen.

Mit jedem Schritt, den ich mache, fühlt sich meine Atmung freier an, mein Kopf wird leerer. Die Welt um mich herum beginnt zu erwachen, und mit ihr auch ein Teil von mir.

Die Stille des Morgens umgibt mich, und ich lasse die Gedanken schweifen, ohne sie festzuhalten. Langsam finde ich mich wieder, Stück für Stück.

Meine Gedanken landen bei heute Abend. Mein Freund und ich sind mit einem befreundeten Paar zum Fernsehschauen und Kochen verabredet. Darauf freue ich mich schon seit einer halben Woche, denn es wird immer schwieriger Termine mit Freund*innen auszumachen, jede*r hat einen Arbeitsalltag und da geht oftmals vieles unter. Man muss Dinge oft einen Monat im Voraus planen, um dann mal für einen Abend gemeinsame Zeit verbringen zu können.

~

Nach meinem Spaziergang kaufe ich direkt noch für abends ein. Daheim angekommen, bereite ich schon mal das Dessert vor. Ich schaue auf meinem Handy nach dem Rezept.

„Ein verpasster Anruf von der Arbeit“, leuchtet es mir entgegen. Ich atme tief durch. Oh Mann, das passiert so oft, wenn ich einfach mal einen Tag freihaben will und abschalten will. Ich schaue in die Messenger-Gruppe der Arbeit, bei der ich die Push-Mitteilungen abgestellt habe.

Hier steht „Nachtdienst für heute zu haben, wer will?". Ich will ihn nicht haben, das weiß ich, denn ich habe heute etwas vor und selbst wenn ich nichts vorhätte, dann müsste ich ihn nicht machen. Trotzdem fühle ich mich verantwortlich, einspringen zu müssen.

Es dauert nur einige Minuten und ich habe auch noch eine Direktnachricht von der Kollegin in meinem Postfach, die gerade im Dienst ist und dafür zuständig ist, diesen Dienst heute zu besetzen. „Hey Kathi, willst du den Nachtdienst heute Abend machen? Du musst dann auch deinen Dienst morgen nicht machen!"

Nein sagen fällt mir schwer. Es fällt mir zwar schon deutlich leichter als am Anfang, aber immer noch schwer, denn ich weiß genau, wie sich die Person im Dienst fühlt. Unsere Chefs sind gerade alle krank und sie ist somit die Einzige, die dafür verantwortlich ist, den Dienst nachzubesetzen. Sie muss also alle Personen durchtelefonieren und nachfragen, wer diesen Dienst machen kann. Spontan in einen Nachtdienst einzuspringen, ist immer am unbeliebtesten. Deswegen ist es immer schwer, jemanden zu finden.

Ich fühle mich also schlecht, schlecht, obwohl ich heute freihabe und eigentlich überhaupt keine Verpflichtung habe, in einen Dienst einzuspringen. So wird mein einziger freier Tag kurz unterbrochen und ich grübele noch die nächsten Stunden nach, wie es weitergehen kann, wer diesen Dienst machen könnte. Mein freier Tag ist also ein bisschen zu einem Arbeitstag geworden.

Kapitel 9 - Emilia

„Was kann ich schon verlieren, ich bin jetzt schon so tief gesunken, was soll schon noch schlimmer werden?“

Am nächsten Morgen wache ich auf, die Schnittwunden von gestern tun immer noch etwas weh, aber der dicke Verband schützt mich gut.

Ich gehe vor zum Frühstück, zum Glück haben mich die Betreuer*innen wegen meinen Verletzungen für heute erstmal krankgeschrieben und ich kann in Ruhe frühstücken. Die Betreuerin, die gestern mit mir in der Klinik war, ist heute nicht da, dafür andere Mitarbeitende, die ich zuvor noch überhaupt nicht gesehen habe. Obwohl ich nun schon seit fast einer Woche hier bin, habe ich also scheinbar immer noch nicht alle kennengelernt. Es scheinen gerade auch jeden Tag neue Leute mit dabei zu sein und eingearbeitet zu werden. Ich setze mich in die Küche und schaue, was ich frühstücken könnte. Es stehen benutzte Schüsseln mit Müsli-Resten auf dem Tisch herum, die anderen Jugendlichen haben sich anscheinend nicht darum gekümmert, das wegzuräumen. Ich ekele mich etwas und räume die Schüsseln deswegen weg.

Als ich fertig bin, möchte ich wieder zurück in mein Zimmer, die Tür hatte ich hinter mir geschlossen (so wie es mir anfangs empfohlen wurde, denn dann kann nichts gestohlen werden). Deswegen muss ich aber jemand vom Betreuungspersonal fragen, mir diese aufzusperren. Ich linse rüber ins Büro, die zwei Frauen, die da sind, scheinen schwer beschäftigt, sie telefonieren viel und scheinen zu überlegen, wer heute Abend den Nachtdienst übernehmen kann. Ich warte also lieber noch ein paar Minuten in der Küche, bis ich frage, ob mir jemand meine Zimmertüre öffnen kann.

Die Betreuerin begleitet mich zu meinem Zimmer und fragt mich, was mein Plan für den Tag ist. „Puuh, eigentlich habe ich gar keinen.“, murmele ich. Nachdem ich hier nun keinen Freund*innen mehr habe und mir es in meiner aktuellen Situation wirklich zu unangenehm ist, meinen Schulfreund*innen unter die Augen zu treten, kann ich auch nicht richtig etwas unternehmen.

~

Den Vormittag über verkrieche ich mich wieder ins Bett, schlafe und kuriere mich aus. Am Nachmittag setze ich mich, um kurz frische Luft zu schnappen, wieder ans Blumenbeet vor dem Haus.

Es scheint, als wäre das hier wirklich der Treffpunkt aller Jugendlichen. Lia ist auch da. Erst sieht sie mich, wie gestern den ganzen Tag, etwas kritisch von der Seite an, dann kommt sie aber zu meiner

Verwunderung auf mich zu und setzt sich neben mich. Sie spricht mich an, als wäre nie etwas gewesen.

„Hey, wir machen heute Abend einen kleinen Ausflug, paar Leute kommen mit. Hast du Lust, dabei zu sein?“, fragt sie mich plötzlich.

„Wohin geht's denn?“ Ich versuche, lässig zu klingen, bleibe aber skeptisch.

„Lass dich überraschen“, grinst sie nur und kneift die Augen zusammen.

Ich zögere. Die Erinnerungen an das Shopping-Erlebnis mit ihr flammen kurz auf. Es ist nicht so, als würde ich wirklich mit ihr befreundet sein wollen. Aber die Langeweile und die Einsamkeit sind einfach so groß, und ich merke, wie sehr ich einfach mal raus und abschalten will. Was kann ich schon verlieren, ich bin jetzt schon so tief gesunken, was soll schon noch schlimmer werden.

„Okay“, sage ich schließlich und nicke.

~

Kurz darauf geht es los, ein ganze Gruppe Jugendlicher kommt mit. Luke, der Junge den ich vor ein paar Tagen an der Blumenbeet Mauer getroffen habe und der mir Drogen angeboten hat, führt uns an das allerletzte Ende des Bahnhofs, hier gibt es einen kleinen Park. Es ist nebelig und gerade ein paar kleine Laternen beleuchten die von riesigen Bäumen umringte Grünfläche. Luke verschwindet hinter einem Busch und weist uns an, hier zu warten. Er kommt mit einem großen Rucksack zurück. Er schultert den Rucksack und es klirrt darin etwas. Ich grusle mich und frage mich nun schon wieder, warum ich eigentlich mitgegangen bin.

Aber jetzt ist es zu spät, wenn ich jetzt kneife, dann bin ich wieder die Uncoole. Er lotst uns zurück in den Bahnhof, in Richtung der Gleise. Wir fahren einige Stationen raus aufs Land. Die kahle Landschaft zieht an mir vorbei, Felder und Weiden tauchen auf.

Ich beobachte Luke und Lia, wie sie nebeneinandersitzen, beide am Handy und sich nebenher über ihre Beziehung unterhalten – ein Gespräch, welches unglaublich unangenehm, aber trotzdem irgendwie faszinierend ist.

„Na, wem hast du heute wieder Herzchen geschickt?“, fragt Lia mit einem schiefen Grinsen und verdreht dabei übertrieben die Augen. Sie lugt ins Lukes Handy.

Er dreht es zur Seite weg. „Oh, komm schon, als ob dich das was angeht“, kontert Luke und versucht, cool zu bleiben und schubst sie dabei leicht an.

„Ach ja?“ Lia schnaubt gespielt und stößt ihn zurück. „Na klar geht mich das etwas an, wir sind jetzt seit drei Tagen ein Paar, das geht mich sehr wohl etwas an“, schnaubt sie, „Wenn Du schon wieder fremd gehst, dann kannst du mich mal.“

Luke zieht die Augenbrauen hoch und gibt ihr einen herausfordernden Blick. „Träum weiter, Lia. Das geht Dich gar nichts an, in mein Handy schaue genau nur ich.“

Lia boxt seine Schulter und verzieht das Gesicht. „Oh, hör auf damit! Du willst mich doch nur eifersüchtig machen, als ob Du mit jemand anderem schreibst.“

„Ja klar“, lacht Luke und legt den Arm lässig über die Rückenlehne des Sitzes. „Du hast recht, genau so ist es, also musst Du Dir ja auch keine Sorgen machen.“

Lia starrt ihn kurz finster an und antwortet nichts mehr.

Das Gespräch zwischen den beiden hat mich maximal verwirrt. Luke steht auf und schultert seinen Rucksack, er fordert uns auf, auszusteigen.

Außen ist es wahnsinnig kalt und ich laufe mit herabgesenktem Kopf den anderen nach, ich ziehe meine Kapuze tiefer in meine Stirn und schlinge meine Arme um mich. Wir folgen einem schmalen Feldweg, die Wiese unter unseren Füßen knarzt bei jedem Schritt, denn jeder Grashalm ist von kleinen Eiskristallen umhüllt.

Hinter einem kleinen Waldabschnitt ragt ein großes rotes Backsteinhaus hervor.

Luke kennt einen Spalt in der Mauer, des Hauses, durch den wir uns Zutritt verschaffen. Er ruft: „Hereinspaziert, genießt den Abend in vollen Zügen, ich habe einen Rucksack voller Alkohol, trinkt, was ihr wollt, und habt Spaß." Ich sehe mich um, es ist eine riesige alte Scheune, die leer zustehen scheint. Oben gibt es eine kleine Ebene, die komplett mit Heu ausgelegt ist. Es riecht nach Pferd und Hafer und erinnert mich an die wenigen schönen Momente mit meinen Eltern, die wir früher im gemeinsamen Urlaub in Österreich verbracht haben.

Wir sollten nicht hier sein. Ich weiß nicht, wem diese Scheune hier gehört und ob sie nicht vielleicht einsturzgefährdet ist, denn richtig stabil sieht das hier ja alles nicht mehr aus. Da aber auch alles so beeindruckend und aufregend erscheint, verdränge ich diesen Gedanken einfach wieder.

Luke hat an alles gedacht und auch eine Musikbox dabei, er macht den DJ und spielt all unsere Lieblingslieder. Lia fängt an sich an eine Flasche Alkohol nach der nächsten aus dem Rucksack zu holen und eine kleine Bar aufzubauen.

Im Rucksack befindet sich mehr als ich dachte, Snacks und Alkohol in so großen Mengen, wie ich sie bisher nur in den Händen meiner Eltern gesehen habe.

Eine große Flasche Champagner, mehrere Flaschen Wodka und Unmengen an Bier hat Luke dabei. Lia schaut zu mir rüber und gießt uns beiden großzügig in Becher ein. Sie überreicht mir einen.

„Na Emilia, sei nicht so spießig wieder, trink, dann wird alles gleich noch viel lustiger." Sie senkt ihre Stimme: „Und versau es uns ja nicht wieder, das war genug beim letzten Mal!" Sie schaut mich böse an und es schaudert mich am ganzen Körper. Ich will nicht wieder die Uncoole sein, ich will endlich dabei sein und nicht wieder einsam auf der Steinmauer vor dem Haus sitzen und Tränen verstecken. Ich habe mir vorgenommen, hier ein neues Leben zu starten. Die anderen sind so selbstbewusst, da will ich auch hin.

Ich kippe also den vollen Becher in einem Zug hinunter. Ich muss husten, selten hat etwas so sehr in meiner Kehle gebrannt wie dieses Gesöff, aber ich fühle auch gleich mehr Entspannung. Ich sehe, wie Luke auch noch eine kleine Lichtmaschine aus dem

Rucksack zieht und anschmeißt. Bunte Lichter strahlen in alle Richtungen. Ich schnappe mir noch einen Becher von Lias Mische und schlendere etwas durch die Scheune. Alle Jugendlichen verteilen sich wild. Überall lassen sie ihre leeren Becher und Chips Reste liegen. Eigentlich ist das hier ganz schön illegal, aber irgendwie ist es auch ganz cool hier zu sein, denke ich. Die Musik dröhnt durch meinen ganzen Körper. Der Alkohol wirkt, ich fühle mich befreiter und kann auch verdrängen, dass es hier eigentlich ganz schön kalt ist. Es ist das erste Mal, dass ich all den Schmerz der letzten Tage vergessen kann. All die Gedanken an meine Eltern und meine Zukunft verschwinden.

~

Lia kommt wieder auf mich zu, sie hat ein paar bunte Pillen in der Hand. Sie streckt sie mir entgegen: „Hey, Emilia, nimm mal eine, damit sehen die Lichter noch cooler aus." Bevor ich etwas antworten kann, redet sie gleich weiter: „Die unterschiedlichen Farben bedeutet die unterschiedlichen Stärken, von den blauen würde ich vielleicht nur ein Viertel nehmen, die vertrage noch nicht mal ich gut."

Ich schüttele entsetzt den Kopf. Ich bin zwar schon sehr benebelt, aber das will wirklich nicht. Sie schaut genervt und verdreht die Augen „Feigling!“, zischt sie und zieht weiter durch die Halle und verteilt fröhlich die Pillen. Ich bin schockiert und bereue meinen Gedanken von eben, am liebsten wäre ich nicht mehr hier, das war einfach nur dumm. Ich kann aber auch nicht gehen, in dieser Gegend kenne ich mich nur schlecht aus und die Bahnen fahren auch nicht mehr.

Ich habe diesen Gedanken noch nicht zu Ende gedacht, da sehe ich in der Ferne wie es Luke schafft ein großes Tor zu öffnen. Hinter dem Tor eröffnet sich uns ein Pferdestall. Jetzt wird mir klar, woher der Geruch nach Pferd stammt. Drei weiße Hengste schauen uns verwirrt an. Luke winkt uns zu sich herüber. So schnell ich gar nicht denken kann, schwingt Luke sich gekonnt über den Zaun des Stalles und legt einem Pferd ein Halfter an, er führt es nach außen. „Luke, das können wir nicht machen!“, raunt selbst Lia. Aber Luke lässt sich nicht aufhalten und bei Lia und mir wirkt der Alkohol auch schon so sehr, dass wir dann doch denken, dass das ganz lustig wäre.

Wir schnappen uns also die zwei anderen Pferde und führen sie nach außen auf die Weide vor der Scheune. Die Pferde wiehern aufgeregt.

Keiner von uns kann reiten, aber wir haben großen Spaß, mit den Pferden bei strahlendem Mondschein über die weiten Wiesen zu rennen. Der Wind fährt durch meine Haare, sie flattern wild im Gesicht, und es gibt nur noch das Gefühl von Geschwindigkeit, von Freiheit und von Adrenalin. Mein Herz schlägt immer schneller. Das Pferd läuft neben mir her und ich schreie vor purem Glück, ohne wirklich zu wissen, warum. Einfach, weil wir hier sind. Einfach, weil dieser Moment nie enden soll. Ein richtiges Abenteuer, wie ich es bisher noch nie erlebt habe.

~

Plötzliche werden wir von allen Seiten geblendet. Ich kann im ersten Moment gar nicht einordnen, woher das grelle Licht in der Dunkelheit kommt. Bis ich es höre, „Polizei. Sofort stehen bleiben!"

Ich realisiere es. Wir sind umzingelt von Polizeiautos. Wir bleiben stehen und die nächsten Szenen spielen sich vor mir ab wie in einem Film:

Ich kann gar nicht so schnell schauen, da sind wir auch schon alle in Handschellen. Sie stecken uns in verschiedene Polizeiwägen, und fahren uns auf die Wache.

Kurz entfliehe ich geistig meinem Körper und sehe die Situation von außen. Ich kann das alles hier nicht glauben, wo bin ich hier gelandet? Das zweite Mal innerhalb von wenigen Tagen habe ich

Probleme mit der Polizei und das, obwohl ich zuvor niemals etwas mit der Polizei zu tun hatte. Das kann so nicht weitergehen. Die Realität kriegt mich und mir steigen die Tränen in die Augen. Ich bin traurig und senke den Kopf, damit niemand die Tränen sehen kann.

Die ganze Befragung lang kann ich nichts sagen. Mir geht die ganze Zeit durch den Kopf, was mit meiner Zukunft passieren wird.

Ich höre zu, als Luke befragt, wird: Luke starrt zu mir herüber, er meidet den Blick des Polizisten, der ihm gegenübersitzt und direkt zur Sache kommt.

„Also", beginnt der Polizist ruhig, aber mit Nachdruck, „Was habt ihr heute Nacht in der Scheune gemacht?"

Luke zuckt mit den Schultern und schaut in eine andere Richtung. „Weiß nicht … Waren halt da."

Der Polizist hebt eine Augenbraue. „Du weißt schon, dass die Scheune Privatbesitz ist und dass ihr die Pferde entführt und gegebenenfalls gequält habt, oder? Und dass, das kein Ort ist, wo man einfach 'halt mal da' sein kann?"

„Ja, vielleicht," murmelt Luke und rollt dabei die Augen, „Aber wir hätten die Pferde ja auch wieder zurückgebracht."

„Ich glaube nicht, dass eine Gruppe von Jugendlichen um diese Uhrzeit irgendetwas außer Schlafen tun sollte“, entgegnet der Polizist, der das Verhalten des Jungen aufmerksam beobachtet. „Glaubst du, das ist eine gute Ausrede? Einfach ‘war nur da’?“

Luke starrt auf seine Hände und antwortet leise: „Es war doch nur ein Spaß. Wäre doch nichts passiert, hätte auch keiner gemerkt.“

Der Polizist schaut ihn ernst an. „Spaß oder nicht, ihr wart unerlaubt in diesem Gebäude. Das ist eine Straftat. Du bist alt genug, um das zu verstehen, oder? Und das ist nicht genug, alle deine Freunde hier, die hängen mit drinnen. Wir haben da Hausfriedensbruch, Beschädigung, Tierquälerei und noch vieles mehr, Freundchen!“

Mit einem genervten Seufzen sagt Luke schließlich: „Vielleicht. Keine Ahnung … wollten halt nur abhängen.“

„So läuft das aber nicht“, schnauzt der Polizist langsam genervt.

Nach einem kurzen Moment des Schweigens grummelt Luke leise: „War halt nur ein dummer Einfall … Hab nicht gedacht, dass es so groß wird.“

Es wirkt für mich so, als würden die Worte des Polizisten in seinem Kopf nachhallen, und langsam begreift er, dass unser „Spaß“ ernste Folgen haben könnte.

Ich bekomme immer mehr und mehr Angst, die Zeit auf der Wache zieht sich wie Kaugummi.

Irgendwann kommt einer der Polizisten wieder auf uns zu, er sagt uns, er würde jetzt in der Schutzstelle anrufen und uns dann wieder dort hinbringen. Mittlerweile ist es 10 Uhr morgens.

Kapitel 10 - Kathi

„Die Jugendlichen testen dich aus, sie sind misstrauisch, sie wollen oft nichts preisgeben. Sie werden deinen wundesten Punkt finden."

Ich komme am Morgen in die Arbeit, es ist 8:00 Uhr und heute steht eine Einarbeitung auf dem Plan. Wir bekommen gerade viele neue Kolleg*innen, deswegen wird es oft recht trubelig und chaotisch.

Ich lasse mir also erstmal einen Kaffee raus, bevor die Kollegin vom Nachtdienst (die sich gestern noch erweichen lassen hat, einzuspringen …) mir eine Übergabe gibt. Der Kaffeeduft erfüllt den sonst recht tristen Raum. Ich schnappe mir mein Notizheft und meinen Stift und widme mich meiner Kollegin:

Sie erzählt mir, dass gestern Abend fünf Jugendliche, unter anderem Emilia, nicht mehr aus dem Ausgang zurückgekommen sind. Ich schlucke, das ist zwar erstmal nichts Ungewöhnliches, dass sich Jugendliche die Nacht um die Ohren schlagen, meistens kommen sie dann aber im Laufe der Nacht doch irgendwann zurück. Dass jetzt ganze fünf Jugendliche fehlen, ist tatsächlich seltsam und dass ausgerechnet Emilia dabei ist, macht mich traurig. Ich hatte doch so sehr gehofft, dass unser gemeinsames Erlebnis im Krankenhaus sie gestärkt hat und sie sich besser abgrenzen könnte.

Aber so ist das oft, man sieht Funken der Hoffnung und diese werden dann, so schnell man gar nicht gucken kann, wieder erlöscht.

Der Tag geht also los und ich arbeite meine ersten ToDos am Computer ab.

Nebenher versuche ich der neuen Kollegin den Alltag hier etwas näherzubringen. Neben all der Arbeit muss man sich wirklich Platz freischaufeln, um die Einarbeitung überhaupt zu schaffen.

Ich merke schon direkt von Beginn an, dass sie etwas nervös ist. Verständlich, ich erinnere mich noch gut an meine eigene Anfangszeit - das Gefühl, völlig überfordert zu sein mit all den Geschichten der Jugendlichen und dem Leid, das einem hier begegnet.

Während wir später zusammen durch die Einrichtung gehen, erzähle ich ihr, wie die Abläufe sind, wo sie was findet, wie wir mit den Jugendlichen reden. Aber ich sehe, dass sie in Gedanken schon ganz woanders ist, wahrscheinlich bei den schwierigen Momenten, die auf sie zukommen werden.

~

Irgendwann bleibt sie stehen und schaut mich an. „Warum wechselt hier eigentlich das Personal so oft?", fragt sie leise. „Man hört das immer wieder."

Ich atme tief durch. Die Frage ist berechtigt, aber auch eine, die schwer zu beantworten ist, ohne jemanden zu entmutigen. Ich habe mir aber mittlerweile angewöhnt, den Leuten direkt ehrlich zu sagen, was sie erwartet, denn nur wer sich dem bewusst ist, der wird dann auch längerfristig bleiben. „Es gibt viele Gründe dafür", beginne ich, und wir setzen uns an einen der runden Tische im Gemeinschaftsraum. „Die Arbeit hier ist extrem fordernd – emotional, psychisch, manchmal sogar physisch. Es ist nicht einfach, jeden Tag mit Menschen in akuten Krisen zu arbeiten. Du kommst oft nach Hause und kannst die Geschichten, die Schicksale der Jugendlichen nicht einfach abschütteln."

Ich sehe, wie sie aufmerksam zuhört, aber auch versucht, alles zu verarbeiten. „Die Geschichten hier sind hart", sage ich, „und oft bekommst du nur Bruchstücke davon zu hören. Zudem testen die Jugendlichen dich aus, sie sind misstrauisch, sie wollen oft nichts preisgeben. Sie werden deinen wundesten Punkt finden. Aber gleichzeitig erwarten sie, dass du sofort verstehst, was sie durchmachen. Und das schlaucht auf Dauer. Manche schaffen es nicht, damit umzugehen, weil sie einfach nicht darauf eingestellt waren, was sie erwarten wird. Andere sind einfach irgendwann emotional ausgebrannt."

„Und deswegen wechseln so viele?", fragt sie.

„Ja. ", antworte ich. „Viele fangen hier an, weil sie helfen wollen, aber nach einer Weile merken sie, dass diese Art von Arbeit eine spezielle Ausdauer braucht. Es reicht nicht, empathisch zu sein. Du musst lernen, die Geschichten nicht mit nach Hause zu nehmen, musst Grenzen setzen und lernen, dass das System, in dem wir hier alle stecken, nicht immer funktioniert. Das ist eine Herausforderung."

Ich mache eine kurze Pause, lasse die Worte wirken, bevor ich weitermache. „Jede Person, die neu hier ist, bringt ihre eigene Art mit, mit den Jugendlichen umzugehen. Du musst dir die Zeit nehmen, jeden Jugendlichen kennenzulernen, herauszufinden, wie du mit ihnen reden kannst. Was bei einem funktioniert, stößt bei einem anderen auf taube Ohren. Das kostet Zeit und Geduld."

Sie nickt langsam, als würde sie all das auf sich wirken lassen. „Das klingt echt hart."

„Das ist es auch", sage ich ehrlich. „Die Jugendlichen merken sofort, wenn jemand noch unsicher ist oder wenn sie glauben, dass du es nicht ernst meinst. Es kann eine Weile dauern, bis sie Vertrauen fassen. Und das erfordert Durchhaltevermögen."

Ich sehe sie an, versuche, sie nicht mit all den Informationen zu überfordern.

Nachdem ich meine Worte an die neue Kollegin gerichtet habe, merke ich, wie ein leichter Kloß in meinem Hals stecken bleibt. Ich kann spüren, dass sie meine Ehrlichkeit schätzt, aber gleichzeitig weiß ich, dass sie noch nicht vollständig begreift, was diese Arbeit wirklich bedeutet. Ich versuche, ihr trotz allem Mut zu machen:

„Ich muss da einfach ehrlich mit Dir sein, manchmal fällt es auch mir schwer, das Positive hieran zu sehen, manchmal haben wir harte Phasen, aber es existieren auf jeden Fall Gründe, warum wir alle hier diese Arbeit machen."

„Ich mache diesen Job, weil ich glaube, dass jeder Mensch, ganz gleich, wie er sich verhält oder was er erlebt hat, das Recht auf Unterstützung und eine Chance auf Veränderung hat. Als Sozialpädagogin komme ich mit Jugendlichen in Kontakt, die oft in schwierigen und chaotischen Verhältnissen aufgewachsen sind. Viele von ihnen haben nie wirklich erfahren, was es heißt, bedingungslos unterstützt und verstanden zu werden. Sie sind es gewohnt, sich allein durchzuschlagen und zu überleben. Und genau da setze ich an.

Es sind nicht die großen Erfolge, die mir zeigen, warum ich diese Arbeit mache, sondern die kleinen, oft unscheinbaren Momente. Diese kleinen Schritte sind es, die mich daran erinnern, dass meine Arbeit nicht umsonst ist.

Es gibt auch die schweren Tage, an denen ich das Gefühl habe, gegen Windmühlen zu kämpfen. Das System setzt uns da auch häufig Steine in den Weg. Zu wenig Platz, für zu viele Jugendliche. Aber dann kommt wieder so ein Moment, in dem ich merke, dass ich für jemanden einen Unterschied machen konnte - selbst, wenn es nur für einen kurzen Augenblick ist. Genau das ist es, was mich immer wieder motiviert. Ich mache diesen Job, weil ich an das Potenzial glaube, das in jedem einzelnen von ihnen steckt, und weil ich ihnen helfen möchte, dieses Potenzial zu entdecken und weil ich hier wahnsinnig viel lernen kann.

Außerdem haben wir hier ein Team, welches sich zu 100 % gegenseitig unterstützt, das hat man nicht überall. Es ist sicher keine Arbeit, die man für immer macht, aber es wird Dir auf jeden Fall einen Schatz an Erfahrungen bringen, den Du nirgends anders bekommst."

Sie nickt dankend und ich hoffe, ich konnte sie auch etwas ermutigen.

~

Als wir weiter durch die Einrichtung gehen, denke ich daran, wie viele junge Kolleg*innen ich in den letzten Jahren kommen und gehen gesehen habe. Die meisten kommen direkt von der Uni, wollen in der Sozialen Arbeit durchstarten und denken, sie können jetzt allen Menschen helfen. Hier merken sie dann aber schnell, dass dies nur eine Wunschvorstellung ist. Sie merken, dass das System Lücken hat, dass das, was sie in der Uni gelernt haben, nur bedingt umsetzbar ist. Die ganzen pädagogischen Theorien, sie müssen oft alle über den Haufen geworfen werden, wenn eine Krise die nächste jagt.

Wie oft habe ich in ihren Gesichtern diese Mischung aus Erschöpfung und Frustration gesehen?

Es ist nicht einfach, die Balance zu finden - einerseits will ich den Neuen nicht gleich die Hoffnung nehmen, andererseits will ich ehrlich sein.

Ich erinnere mich daran, wie es für mich war, als ich hier angefangen habe.

Ich hatte mir damals geschworen, ich würde nicht wie die anderen werden - abgeklärt, emotional abgestumpft. Aber je länger ich in diesem Job bin, desto mehr merke ich, dass es schwer ist, nicht die Mauer hochzuziehen.

Diese Mauer ist positiv und negativ zugleich. Positiv, weil sie Dich auch schützt, denn es bringt nichts, jedes Schicksal zu seinem eigenen zu machen. Aber auch negativ, denn es ist wichtig, nicht zu abgeklärt zu werden. Man sollte immer wieder diese Welt mit der eigenen Welt gegenchecken und sehen, dass das hier nur ein kleiner Teil der Realität ist.

Ich blicke zur neuen Kollegin, die weiter aufmerksam durch die Gänge geht und sich Notizen macht. Sie ist noch so am Anfang, und ich frage mich, wie lange sie es durchhält. Wie lange dauert es, bis sie sich dieselben Fragen stellt wie ich?

~

Es ist mittlerweile 11 Uhr und wir beenden gerade unseren Rundgang, da klingelt mal wieder das Telefon, ich habe aufgehört zu zählen, wie oft es mich heute schon in meinen Erklärungen unterbrochen hat. Ich gehe ran:

„Schutzstelle, Klein, hallo!?“

„Ja hallo, Polizeiinspektion Nord, Maier hier! Ich hätte hier ein paar junge Herrschaften sitzen, vermissen Sie jemanden?“

Ich bejahe dies. Er erzählt mir dann, dass die fünf Jugendlichen, Emilia eingeschlossen, die ganze Nacht in einer Scheune verbracht hätten, dort Party gemacht und Pferde entführt hätten. Mitten in der Nacht hätten dann Nachbarn die Polizei alarmiert, dass Menschen schreiend mit Pferden über Wiesen laufen würden. Daraufhin wäre die Bande aufgeflogen. Er würde sie jetzt wieder bringen. Ich kann nur bestätigen und stimme zu, dass er sie wieder bringt.

Ich bin erstaunt über den Vorfall, so etwas gab es noch nie. Es ist wirklich erstaunlich, egal wie lange man hier arbeitet und egal wie viel man glaubt erlebt zu haben, es wird immer wieder etwas Neues kommen und einen überraschen.

Als die Gruppe eintrifft, fällt mir auf, dass Emilia sehr geknickt aussieht. Ich bitte sie einmal kurz zu mir ins Büro. Die anderen nehmen sich gar nicht die Zeit sich auszuruhen, gerade angekommen, machen sie sich schon wieder auf den Weg nach außen.

Ich erkläre Emilia nochmal, wie wichtig es ist, sich abzugrenzen, sie muss sich an die Regeln halten. Nur wer in die Schule geht, sich an die Ausgangszeiten hält und keine Straftaten sammelt, der oder die wird Hoffnung auf eine gute Perspektive haben. Anschließend bringe ich sie auf ihr Zimmer, sie sollte sich dringend etwas ausruhen.

Apropos Schule: das waren einige der Anrufe heute morgen. Alle Schulen der fünf Kids haben angerufen und mir mitgeteilt, dass sie heute nicht in der Schule sind, bei manchen von ihnen geht das schon das ganze Schuljahr so.

Die neue Kollegin ist völlig verwundert, darüber dass alle nicht in die Schule gehen. „Warum ist das so?", fragt sie mich. Ich setze an zur Erklärung …, aber ich komme gar nicht erst dazu.

~

Als wäre es heute noch nicht genug Action gewesen, klingelt es an der Türe. Mittlerweile ist es schon Nachmittag, die Zeit rast heute mal wieder. Die meisten Jugendlichen sind in ihren Zimmern, hängen im Wohnzimmer, oder außen an der Mauer ab.

Ich schaue durch die Kamera vor zur Eingangstüre. Er steht da. Der Typ, der damals für so viel Unruhe gesorgt hat. Ich erinnere mich sofort an all die Auseinandersetzungen, die Eskalationen, die unzähligen Stunden, die ich damit verbracht habe, ihn wieder herunterzubringen. Schließlich konnten wir ihn endlich in einer Einrichtung unterbringen, es war ein langer Weg damals.

Und jetzt - steht er wieder hier, als wäre er nie woanders gewesen.

Ich öffne die Tür, aber sage nichts. Er sieht anders aus. Verloren und müde. Seine Augen, die damals immer voller Wut waren, wirken jetzt leer. Er trägt dieselben Klamotten wie früher, nur wirken sie jetzt schmutziger und abgenutzter. Er sieht mich an, als würde er nicht wissen, was er überhaupt sagen soll.

„Kann ich rein?“, fragt er schließlich, die Stimme rau und brüchig. „Ich habe keinen anderen Ort.“

Für einen Moment bin ich sprachlos. Erinnerungen blitzen in meinem Kopf auf - an die Kämpfe, die verbalen Ausbrüche, das Chaos, das er mitgebracht hat. Er war damals wie ein Pulverfass, das jederzeit explodieren konnte. Alles in mir schreit, dass ich ihn wegschicken sollte, dass wir diese Phase hinter uns gelassen haben. Aber das kann ich nicht, ich muss ihn wieder aufnehmen.

„Warum bist du hier?“, frage ich schließlich, während ich eigentlich schon weiß, was er sagen wird.

„Ich …“ Er zögert und tritt unruhig von einem Fuß auf den anderen. „Es lief schief. Sie haben mich rausgeschmissen. Ich weiß, ich hab's vermasselt, aber ich hab echt keinen anderen Ort mehr.“ Seine Worte klingen erschöpft, wie jemand, der zu oft um Hilfe gebeten hat und zu oft abgewiesen wurde.

Ich atme tief durch. Innerlich wehrt sich alles in mir, in aufzunehmen, aber das ist eben unsere Arbeit. Wir sind das Auffangnetz, das greift, wenn alles andere nicht mehr hält.

„Komm rein“, sage ich schließlich, meine Stimme härter, als ich es geplant hatte.

Er tritt langsam über die Schwelle. In diesem Moment sehe ich die Müdigkeit in ihm, die Art, wie er sich zusammenreißt, um nicht völlig auseinanderzufallen. Ich schließe die Tür hinter ihm und spüre die Anspannung, die mit ihm hereingekommen ist.

Diesmal muss es anders laufen. Aber das habe ich mir damals auch schon gesagt.

Kapitel 11 - Emilia

„Alle anderen tun es ja auch nicht, weshalb sollte ich es dann tun?“

Kathi bringt mich in mein Zimmer. Ich kann nicht anders, als mich in Klamotten einfach nur in mein Bett zu legen. Ich bin erschöpft von der Nacht und erschöpft von all diesen Erlebnissen. Ich schlafe die ganze Nacht wie ein Stein.

Die nächsten Tage lasse ich es erstmal ruhiger angehen, verspreche ich mir hoch und heilig.

~

Ein paar Tage später steht die Betreuerin des Nachtdiensts vor meinem Bett und weckt mich. Ich versuche aufzustehen und mich fertig zu machen, es wäre wirklich wichtig, heute mal wieder in die Schule zu gehen. Seitdem wir in die Scheune eingebrochen sind, habe ich es nicht mehr geschafft, vor lauter Scham, mich in die Schule zu bewegen. Keiner dort weiß bisher, in was für einer Einrichtung ich mich gerade befinde. Ich laufe also noch sehr verschlafen aus dem Haus. Auf der Mauer, auf der sich die Jugendlichen immer tummeln, direkt vor dem Haus, sitzen auch heute wieder einige. Sie wurden alle geweckt für die Schule, aber keiner geht hin. Ich merke, wie meine Kraft schwindet und ich mich neben Lia setze, ich kann heute einfach nicht in die Schule gehen, ich habe keine Kraft dafür, alle anderen tun es ja auch nicht, weshalb sollte ich es dann tun?

Ich schaue Lia an. Sie ist immer wahnsinnig aufgestylt und hat teure Markenklamotten. Ich frage mich, woher das kommt, sie kauft sich ja auch immer die Drogen, die müssen ja auch was kosten.

Als hätte Lia meine Gedanken gelesen, schaut sich mich auch an:

„Du fragst Dich, woher ich all das Zeug habe, oder? So, wie Du mich anschaust?“ Sie sieht mich herausfordernd an.

Ich zucke mit den Schultern, unsicher. „Ja … Ich mein, ich habe mich schon gefragt. Du gehst doch nicht arbeiten, oder?“

Lia lacht kurz, aber es klingt nicht fröhlich. „Arbeiten? Klar, als ob ich für 'nen Hungerlohn irgendwo Zeitungen austragen geh oder sowas. Ich mach was Besseres.“ Sie hält kurz inne, beobachtet mein Gesicht, bevor sie weiterspricht. „Ich treff Typen. Die zahlen richtig gut dafür.“

Mein Herz setzte einen Schlag aus. „Was? Was meinst du?“

Lia zuckte die Schultern, als wäre das alles kein großes Ding. „Ich treff Typen. Die zahlen mir, damit ich… naja, mit ihnen abhänge, ein bisschen Spaß hab. Nichts Krasses, normalerweise. Die meisten wollen eh nur reden oder so. Aber das Geld, Emilia, das ist verrückt. Du machst in einer Stunde mehr, als du mit so einem scheiß Nebenjob in einem Monat machst."

Ich kann es nicht fassen, was ich da höre. „Du machst … was? Lia, du bist sechzehn! Das kannst du doch nicht machen!"

Lia starrt mich an, der Ausdruck in ihren Augen ist hart. „Ach komm schon, Emilia, sei nicht so naiv. Wer interessiert sich denn für uns? Die Schule? Unsere Eltern? Niemand. Das müsstest Du doch mittlerweile gemerkt haben."

Ich schlucke, sie hat recht, meine Eltern melden sich wirklich gar nicht mehr, ich habe auch das Gefühl, niemand interessiert sich gerade für mich.

„Ich muss irgendwie klarkommen, okay? Meine Eltern wollen mich nicht mehr, eigentlich schon, seitdem ich klein bin, ich war ungewünscht und wurde dann auch immer so behandelt. Ich musste mich immer um alles selbst kümmern, putzen, einkaufen, das war alles meine Aufgabe. Was hätte ich also sonst machen sollen? Daheim versauern? Meine Eltern bemuttern? Nee, die sollen das mal schön allein machen. Und soll ich dann nur von dem Mini-Taschengeld leben, was wir einmal in der Woche bekommen?“

„Aber … Das ist doch gefährlich! Du weißt doch nie, was die Typen wirklich wollen.“ Meine Stimme zittert, meine Gedanken rasen.

Lia verdreht die Augen. „Gefährlich? Die meisten von denen sind alte Typen, die sich freuen, wenn mal jemand mit ihnen redet. Die tun mir nichts, glaub mir. Und ich geh nicht auf die Straße oder so. Das läuft alles über Kontakte. Alles sicher.“

Ich kann das alles nicht fassen. „Und das machst du einfach so?“

Lia lehnte sich vor, ihre Augen fixieren mich: „Ja, und es funktioniert. Ich muss mir keine Sorgen mehr um Geld machen, ich bekommen Vapes und Drogen. Muss mich da um nichts mehr kümmern. Richtiger Luxus, digga.

Du könntest das auch machen, weißt du? Du bist hübsch, Emilia, die würden dich lieben. Und du bist noch richtig jung, das lieben die besonders. Du könntest dir endlich alles leisten, worauf du Bock hast.“

Ich schlucke: „Wie bist Du denn dazu gekommen?“, frage ich Lia.

„Haha, ja, das ist ne lange Geschichte, digga. Also damals, als ich von meinen Eltern weg wollte, da bin ich in so ein Manga-Internetforum gegangen, habe Mangas immer geliebt, das war meine Zuflucht, wenn ich mal wieder traurig war. Da hat mir dann so ein Mann geschrieben, ich würde immer so traurige Texte schreiben, er könne mir helfen und mir eine Heimat geben, wenn meine Eltern mich nicht mehr haben wollen, und da dachte ich – Jackpot, das ist es, nicht mehr bei meinen Eltern am Land sein, die wollen mich ja eh nicht und dafür in der Großstadt chillen.

Gesagt, getan, bin dann da abgehauen und ab zu dem Typen, hab mir nix dabei gedacht.

Das war dann eben der Typ, von dem ich Dir schon erzählt habe. Der war nett, aber dort angekommen hat sich dann alles bisschen anders herausgestellt, der wollte schon gerne, dass ich Dinge für ihn mache, damit ich dort wohnen darf, nicht einfach for free wohnen, so wie ich dachte, das war dann schon überraschend, aber ich dachte mir, warum nicht.

Ich hab das dann so einige Zeit gemacht, hab mich immer mit seinen Freunden getroffen und durfte dann dafür dort wohnen. Das hat mir dann auch irgendwann echt gut gefallen. Bis mich dann das fucking Jugendamt rausgeholt hat und hier in diese Bruchbude gebracht hat. Alter, das war so nervig, der Typ darf jetzt auch keinen Kontakt mehr zu mir haben. Aber ich sag´s Dir, das ist mir so egal, ich trickse da das Jugendamt total aus, die checken das auch nicht, ich wohne einfach hier, versuche einfach nichts von dem durchscheinen zu lassen und bin dann tagsüber meistens trotzdem bei dem und arbeite noch für den. Alles gar kein Problem, dummes Jugendamt einfach, haha."

Irgendwie verstört mich das alles total, aber irgendwie hört sich das auch gerade nach einer ganz netten Option an, um an Geld zu kommen. Ich habe mittlerweile nämlich auch angefangen zu vapen, weil das hier alle so machen und diese Dinger gehen ganz schön ins Geld. Sie schlägt vor, doch direkt mal bei ihm vorbeizuschauen. Dario heißt der Typ.

~

Darios Wohnung ist nicht weit weg. Er öffnet uns die Tür. Ein breiter Typ mit vielen Tattoos, einer schmierigen Lederjacke und einer viel zu großen Goldkette. Er umarmt Lia etwas zu herzlich für meinen Geschmack und bittet uns herein. Eine kleine abgerockte Einzimmerwohnung eröffnet sich uns. Es riecht nach abgestandenem Zigarettenrauch und einer Mischung aus billigen Parfüms und verschüttetem Alkohol. Alles hier ekelt mich an. Ich weiß gar nicht, warum ich hier bin, aber irgendwie habe ich in den letzten Tagen alle meine Fähigkeiten verloren, nein zu sagen.

Lia und er unterhalten sich, sie lachen viel zu laut, und ich kann die Worte nicht richtig einordnen. Sie sprechen über die Männer, mit denen Lia in den letzten Wochen Kontakt hatte. Dario ist offenbar interessiert daran, welcher der nächste sein könnte. „Also, wer kommt als Nächstes?", fragt er, während er in einer Hand eine Zigarette hält und mit der anderen auf seinem Handy scrollt. Er zeigt Lia ein Profilbild.

„Der hier sieht vielversprechend aus“, sagt Dario schließlich.

Lia grinst verhalten. „Ja, warum nicht? Der sieht aus, als würde der einiges springen lassen, oder?“

„Ja, genau“, antwortet Dario. „Ich schreib ihm mal und schau, wann er Zeit hat. Ihr könntet euch im Hotel treffen, so wie beim letzten Mal.“

Meine Gedanken bleiben an dem Wort „Hotel“ hängen. Das klingt alles so falsch, und doch kann ich meine Füße nicht bewegen, um zu gehen. Ich will etwas sagen, will diese Unterhaltung unterbrechen, aber ich weiß nicht, wie. Die Worte bleiben mir im Hals stecken.

Wie kann Lia so unbefangen über solche Dinge sprechen, als wäre es nichts weiter als ein Spiel? Und warum bin ich eine stille Beobachterin, die sich nicht traut, aufzustehen und zu gehen?

Lia kichert leicht, mir kommt das alles gezwungen vor. Ich kann nicht anders, als mich weiter zu fragen, wie ich in diese Situation geraten bin. Was mache ich hier?

Es bleibt nicht viel Zeit zum Nachdenken, kurz darauf hat Dario schon seinen nächsten Termin, wir können deswegen nicht mehr bleiben, ein Glück, denke ich.

Er bietet uns aber an, uns ein Stück mit dem Auto mitzunehmen. Lia ist sichtlich begeistert. Ich willige auch ein, aber eigentlich nur, weil ich einfach schnellstmöglich hier weg will.

~

Der Innenraum seines Wagens strahlt Luxus aus – zu viel für einen wie ihn. Schwarzes Leder, glänzende Metallakzente und digitale Displays, die wie aus der Zukunft wirken. Mit den gegelten Haaren, die im grellen Innenlicht des Autos fast glitzern, blickt er selbstbewusst durch den Spiegel zu uns auf die Rückbank.

Seine Hand liegt locker auf dem Lenkrad, als hätte er schon Tausende von Kilometern in diesem Auto hinter sich. Der Blick aus seinen Augen ist kühl, fast unbeteiligt, als würde er den brüllenden Motor kaum wahrnehmen. Ein unmerkliches Lächeln zuckt über seine Lippen, als er das Gaspedal durchdrückt.

Er fährt los und ich werde in den Sitz gedrückt, ich bekomme Angst. Von Kurve zu Kurve wird er schneller und mir schlechter. Ich versuche all meine Gefühle zu unterdrücken, aber ich kann nicht mehr, ich brülle:

„LASST MICH RAUS!“

Aber er stoppt nicht.

Während er weiterfährt, spielen sich die letzten Wochen wie ein Film vor meinem inneren Auge ab … Was ist hier mit mir passiert, ich kann das alles nicht mehr, ich muss mein Leben wieder in den Griff bekommen.

Plötzlich hält er doch an, ich bin erleichtert und Lia ist sichtlich entsetzt von meinem Verhalten, sie zeigt mir, für wie uncool sie mich hält. Mir ist das aber jetzt egal, mein Leben ist mir gerade wichtiger und ich muss mich darum jetzt kümmern.

Missmutig stapfe ich zurück zur Schutzstelle, das muss jetzt alles anders werden, ich will etwas ändern. Dort angekommen, springe ich mit meiner letzten Kraft auf die Mauer und kauere mich dort zusammen. Ich muss erstmal nachdenken, wie ich nun mein Leben wieder sortieren kann.

Kapitel 12 - Kathi

„Egal, was diese Nacht bringt – ich werde da sein, bereit, so gut es geht."

Es ist immer das gleiche, die Tage des Nachtdienstes sind immer komisch. Ich wache früh auf. Eigentlich eine ganz normale Uhrzeit, aber zu früh in Anbetracht dessen, dass es sein kann, dass ich heute die Nacht durchmachen muss.

Ich starte also möglichst langsam in den Tag, erledige erstmal all meinen Haushaltskram und gehe dann noch eine Runde laufen. Am Nachmittag treffe ich mich mit einer Freundin auf einen Kaffee. Bis zu diesem Zeitpunkt kann ich auch noch gut verdrängen, dass ich heute Nachtdienst habe.

(Und das ist ja auch das Großartige am Nachtdienst, Du hast richtig viel Zeit für Dinge, die Menschen im „9 to 5 Job" nicht tun können. Immer Arzttermine bekommen, shoppen, wenn die Stadt leer ist, schwimmen, wenn nur Senior*innen im Schwimmbad sind, all das ist natürlich schon eine schöne Sache.)

Mit Einbruch der Dunkelheit sitze ich dann aber daheim, ich stochere in meinem Essen umher und kann meine Gedanken nicht herunterbringen. Ein Kloß sitzt mir im Hals und ich fühle mich unwohl. Ich weiß gar nicht, warum das immer noch so ist, ich habe mittlerweile schon so viele Nachtdienste gemacht, aber vor jedem Nachtdienst habe ich dann doch immer etwas Bammel.

Es ist einfach etwas anderes. Es ist dunkel, die Nacht bringt schon von selbst einen gewissen Gruselfaktor mit und es ist einfach beängstigend, die ganze Nacht allein zu sein. Mein Freund ist auch noch nicht daheim, das heißt ich habe gerade auch niemanden, der mich von diesem unnötigen Druck befreien kann.

Noch eine Stunde, dann beginnt mein Nachtdienst. Und wie immer geht mein Kopf im Vorfeld schon die endlosen Möglichkeiten durch, was in den nächsten Stunden passieren könnte. Ich komme ins Grübeln:

Der Nachtdienst – er klingt immer so harmlos für Außenstehende. Nach "ruhiger Abend", nach "alle schlafen". Aber ich weiß es besser. Es kann alles passieren. Es gab schon genügend Nächte, in denen ich kein einziges Auge zugemacht habe.

Vielleicht kommt die Polizei mit einem neuen Jugendlichen, jemandem, den sie spät in der Stadt aufgegriffen haben. Ein Gesicht, das ich nicht kenne, mit einer Geschichte, die irgendwo zwischen Wut, Angst und Verzweiflung liegt. Vielleicht direkt von der Flucht aus einem gefährdenden Land. Oder auch jemand bekanntes, den man nicht unbedingt wieder sehen wollte.

Meine Gedanken kreisen weiter.

Mein Magen zieht sich zusammen, als ich an Luke denke, der oft abhaut, die verschiedensten Drogen nimmt und sich irgendwo draußen herumtreibt. Wird er heute Nacht sicher bleiben? Oder werde ich wieder stundenlang wachliegen und warten, dass er zurückkommt? Oder schlimmer, einen Anruf bekommen, dass er mal wieder zu viel genommen hat. Das ist immer meine größte Angst, dass den Jugendlichen etwas zustößt und ich es nicht verhindern kann.

Und dann sind da noch die kleinen, aber unerwarteten Katastrophen, die immer plötzlich kommen. Streit zwischen den Jugendlichen, der schnell eskalieren kann. Ein nächtlicher Anruf von verzweifelten Eltern, mit ihrem pubertierenden Kind, die nicht wissen, was sie tun sollen.

Ich schüttele meinen Kopf, versuche tief durchzuatmen, um aus der Gedankenspirale herauszukommen, aber die Anspannung bleibt. Manchmal fühlt es sich an, als ob ich mich auf einen Kampf vorbereite. Nicht, weil ich das will, sondern weil ich weiß, dass ich bereit sein muss, wenn es so weit ist. Manchmal verläuft ein Nachtdienst ruhig, fast schon friedlich. Aber das sind seltene Nächte. Meistens kommt man eher weniger zum Schlafen und darauf muss ich mich immer einstellen.

~

Ich stehe auf und strecke mich in alle Richtungen. Es wird Zeit, ich muss los. Ich schnappe mir meinen Rucksack und ziehe meine Jacke an.

Noch ein letzter Blick in den Spiegel, bevor ich die Wohnung verlasse. Ich schaue mich bewusst an und versuche mir Mut zuzureden: „Egal, was diese Nacht bringt – ich werde da sein, bereit, so gut es geht. Ich schaffe das und werde nach bestem Wissen und Gewissen handeln, komme was wolle!“

Ich verlasse das Haus und versuche mich mit Musik auf den Ohren abzulenken, die bösen Gedanken zu vertreiben. Aber egal was ich mache, eines weiß ich, die Anspannung wird bleiben, bis ich morgen früh wieder nach Hause komme. Und das wird vermutlich immer so sein.

~

20 Uhr, ich trete meinen Nachtdienst an. Ich sperre die Eingangstüre auf und laufe den langen Flur hinter zu meiner Gruppe. Das Haus ist gerade ruhig, alle sind im Ausgang. Ich kann erstmal in Ruhe ankommen, hole mir meine Übergabe ab und checke meine Mails.

Im Laufe des Abends trudeln dann alle Jugendlichen nach und nach ein.

Manche früher und manche später. Alle schaue ich mir genau an. Ich frage immer nach ihrem Tag. Die Standard-Antwort: „Gut!" Alles klar, mehr kriege ich oft nicht aus ihnen heraus, sie verschwinden nach und nach in ihre Zimmer.

Lia kommt erst gegen 23:30 Uhr. Theoretisch müsste sie schon längst da sein. Sie stürmt trotzdem ins Haus und würde sich gerne voller Selbstverständlichkeit um diese Uhrzeit noch Eier in der Küche braten. Dies ist nicht mehr erlaubt, ich biete ihr einen Apfel oder eine Banane an, kochen kann sie morgen früh.

So schnell ich gar nicht schauen kann, fährt sie hoch und lässt eine Tirade an Beleidigungen an mir aus, während sie sich vor mir aufbaut. Ihre Augen funkeln wütend und bevor ich überhaupt etwas sagen kann, legt sie los: „Was willst du eigentlich, hä? Du checkst gar nichts, du bist doch nur irgendeine blöde Sozialpädagogin, die meint, sie wüsste alles besser!"

Ihre Stimme ist schrill, jede Silbe schneidet wie ein Messer: „Du bist genau wie die anderen, ihr denkt, ihr seid was Besseres, aber in Wirklichkeit seid ihr einfach nur scheiße." Ihre Worte treffen mich frontal, ich spüre, wie sie immer aggressiver wird, wie ihre Wut eskaliert: „Halt doch einfach dein Maul, niemand will, dass du hier bist, niemand braucht deine Hilfe, du bist doch eh nur da, weil du dafür Geld kriegst. Dir ist doch scheißegal, was mit uns passiert." Sie baut sich vor mir auf, der Atem geht schnell, die Beleidigungen kommen immer heftiger. „Fick dich doch einfach, du bist nutzlos, keiner nimmt Dich ernst. Check das doch endlich!"

Ihre Stimme überschlägt sich fast. Sie will provozieren, sie will mir weh tun, so gut sie kann. Lia kommt mir noch näher, ihr Gesicht ist nur noch wenige Zentimeter von meinem entfernt: „Du glaubst wohl, nur weil du hier die Aufsicht hast, kannst du mit mir machen, was du willst, aber pass auf, ich mach dich fertig, wenn du mir auf die Nerven gehst!", ihre Hände zittern als sie die Fäuste noch fester ballt: „Willst Du, dass was passiert, häh, soll ich dir mal zeigen, wie weit ich gehen kann?"

Meine Kollegin hat schon den Wachdienst per Funk dazu gerufen, er stellt sich zwischen uns und eskortiert Lia in ihr Zimmer, es ist zu spät für

Diskussionen und schon erst recht für Bedrohungen, die haben hier sowieso nichts zu suchen. Ich atme erstmal durch und setze mich zurück ins Büro. Solche Bedrohungen sind meist leere Worthülsen und die Beleidigungen darf man nicht so ernst nehmen, das habe ich mittlerweile gelernt, dennoch macht das natürlich was mit einem, wenn wegen so kleinen Regeln, so große Eskalationen passieren. Aber Grenzen setzen ist wichtig, die Jugendlichen haben hier so wenige Regeln, wenigstens ein Mindestmaß müssen sie dennoch erfüllen können. Das ist auch wichtig für ihre Zukunft, denn Grenzen gibt es überall.

Bis auf dieses Vorkommnis bleibt der Abend dann noch ruhig. Das ist angenehm, aber leider deutet dies oft daraufhin, dass die Nacht dann umso wilder wird … Ich hoffe es mal nicht.

~

Gegen 00:00 Uhr verlässt mich die letzte Kollegin.

Alle Jugendlichen bis auf Luke sind da. Mal sehen, ob dieser heute noch kommt. Ich bin nun also allein, allein mit allen Jugendlichen, gerade einmal die Wachdienste stehen mir noch zur Verfügung, aber für pädagogische Fragen bin ich ab jetzt allein zuständig. Ich setze mich an den Schreibtisch und atme kurz durch, ich lausche der Stille.

Stille in diesem Haus ist immer fast trügerisch. Nur das gleichmäßige Summen des Kühlschranks in der kleinen Küchenecke und das leise Ticken der Wanduhr kann ich hören. Manchmal denke ich, die Nacht würde die Probleme der Jugendlichen verdecken, sie scheinen plötzlich wie verschwunden, sie schlafen alle friedlich – doch das ist eine Illusion. Hier ist nie wirklich Ruhe.

Mein Blick wandert durch das Büro. Der Schreibtisch liegt voller Kram, der den ganzen Tag über nicht von meinen Kolleg*innen weggeräumt wurde, überall verteilt liegt lauter Krimskrams, den Jugendliche heute hier abgelegt habe. „Ich muss jetzt dann erstmal aufräumen.“, denke ich.

Ich nehme aber zuerst einen Schluck kalten Kaffee und überlege kurz, ob ich mir eine frische Tasse machen sollte, denn die Nacht wird ja bestimmt wieder lang. Bevor ich den Gedanken aber zu Ende denken kann, reißt mich das schrille Klingeln des Telefons plötzlich aus den Gedanken. Es ist die Polizei.

„Wir haben eine neue Aufnahme für euch“, sagt die Stimme am anderen Ende der Leitung müde.

Ich spüre, wie sich meine Schultern anspannen. Eine Neuaufnahme mitten in der Nacht – immer eine spezielle Sache. Meistens sind die Jugendlichen dann entweder am Bahnhof entdeckt worden, weil sie sich dort herumgedrückt haben, oder es gab einen akuten Streit in der Familie. Ich lasse mir schnell alle Daten und eine Kurzzusammenfassung von dem anrufenden Polizisten geben und bestätige, dass sie die Jugendliche vorbeibringen können. Eine andere Option bleibt mir auch nicht, ohne mich würde sie auf der Straße sitzen.

„Wir sind in zehn Minuten da“, sagt der Polizist, bevor er auflegt.

Das ist fix, manchmal muss man mehrere Stunden warten und sitzt dann nachts wach herum und wartet auf eine Aufnahme. Ich richte also nur schnell ein Zimmer her, Zahnputzzeug, Bettwäsche und ein kleines Handtuch. Zum Glück sind wir immer gut vorbereitet und ich habe alles schnell zur Hand.

~

Die Türglocke reißt mich aus meinen Vorbereitungen. Ich gehe zur Tür und öffne sie, da stehen zwei Polizist*innen mit einem großen, schlanken Mädchen zwischen ihnen. Sie sieht müde aus, ihre Haare sehen ungepflegt und strähnig aus. Ihr Blick ist leer, und sie klammert sich an ihren großen Rucksack, als wäre dieser das Einzige, was sie in der Realität hält.

„Das ist Paula“, sagt der eine Polizist knapp. „Sie wird erstmal hierbleiben müssen. Eltern beide vor Kurzem verstorben, keine Verwandten, sie schlief am Bahnhof auf einer Bank.“

Ich nicke, lasse sie eintreten und verabschiede die Beamt*innen, die sichtlich froh sind, den Fall abgegeben zu haben.

Paula sagt gar nichts, sie bewegt sich mechanisch, und ich weiß, dass jetzt nicht der Moment ist, sie mit Fragen zu überhäufen. Das Aufnahmegespräch kann warten. Das sollen meine Kolleg*innen morgen tagsüber machen. Jetzt zählt nur, dass sie einen Ort hat, an dem sie sicher ist.

Ich bringe sie also nur in ihr Zimmer und drücke ich ihr noch eine Tasse Tee in die Hand. „Versuch zu schlafen", sage ich sanft, „wenn Du etwas brauchst, ich bin die ganze Nacht hier". Sie nickt, doch ich sehe, dass ihre Augen ins Leere starren, als wäre sie noch weit entfernt von hier.

~

Zurück im Büro will ich mir einen Moment Ruhe gönnen und diese wirklich psychisch herausfordernde Aufnahme verdauen. Meine Gedankenspirale geht an:

„Das Mädchen ist nun ganz allein, wie muss sie sich nun fühlen? Mir wird wieder bewusst, wie wenig wir hier eigentlich auffangen können. Ich kann ihr Sicherheit geben, eine Unterkunft, vielleicht ein paar Gespräche - aber was ist das schon im Vergleich zu dem, was sie verloren hat? Ich frage mich, ob ich es schaffen werde, ihr das Gefühl zu geben, dass sie hier wenigstens ein bisschen Ruhe finden kann, dass es Menschen gibt, die da sind, auch wenn alles andere im Chaos versinkt. Und gleichzeitig frage ich mich, wie lange sie überhaupt in der Lage sein wird, das anzunehmen."

Mir bleibt aber keine Zeit weiter darüber nachzudenken, es klingelt an der Tür. Ich schnappe mir meine Telefone und das Funkgerät mit der Verbindung zu den Wachdiensten und gehe zur Tür.

Da steht Luke. Er sieht fertig aus. Ich öffne die Tür. Er schwankt, ist kaum fähig, sich auf den Beinen zu halten. Seine Augen sind glasig, seine Kleidung zerknittert und dreckig. Er riecht nach Alkohol, aber es ist noch mehr als das. Sein Atem geht stoßweise, seine Pupillen sind geweitet, und ich weiß sofort, dass er nicht nur getrunken hat. Mein Magen zieht sich zusammen. Ich sehe es zu oft.

„Luke, was ist passiert, was hast Du genommen?", frage ich ruhig, aber bestimmt, obwohl ich die Antwort längst kenne. Er starrt mich an, sagt nichts, seine Lippen zucken, als wollte er sprechen, aber er bringt keinen Ton heraus. Dann beginnt er zu schwanken, und ich greife nach seinem Arm, bevor er nach vorne kippt.

Ich helfe ihm ins Haus und setze ihn im Flur vorsichtig auf einen Stuhl, doch seine Augen flackern, und er rutscht sofort wieder zur Seite. Das ist nicht gut. Sein Körper ist schon dabei, aufzugeben.

„Ich … Ich hab was genommen“, murmelt er endlich, seine Worte verwaschen. „Aber nicht viel … Nur bisschen … “

Doch ich sehe, dass es mehr war als „bisschen“. Ich weiß, wie es aussieht, wenn jemand drauf ist. Schweiß perlt auf seiner Stirn, obwohl seine Haut kühl ist, und seine Atmung wird flacher.

Ich greife nach dem Telefon. Der Rettungswagen ist die einzige Option. Während ich den Notruf wähle, halte ich Luke mit der anderen Hand aufrecht. Die Sekunden, bis jemand rangeht, fühlen sich endlos an. „Klein hier, aus der Schutzstelle, wir brauchen sofort einen Krankenwagen, ein Jugendlicher hat Drogen genommen und ihm geht es sehr schlecht.“, sage ich, bemüht, ruhig zu bleiben.

Als ich auflege, sehe ich Luke an. Seine Augen rollen nach hinten, und er beginnt zu zittern. Panik kriecht in mir hoch, das sind genau die Momente, vor denen ich im Nachtdienst Angst habe. Ich weiß aber auch, dass ich jetzt ruhig bleiben muss. Ich versuche regelmäßig zu atmen.

Ich halte seine Hand, spreche ihm ruhig zu, auch wenn er nicht mehr wirklich da ist.

Ich bin allein mit ihm in dieser dunklen Nacht, und der einzige Gedanke, der in meinem Kopf kreist, ist, wie schnell Hilfe hier sein wird.

Die Minuten bis zum Eintreffen des Krankenwagens ziehen sich wie Kaugummi. Lukes' Zustand verschlechtert sich, seine Zuckungen werden stärker, und ich versuche, ihn so gut es geht stabil zu halten. Ich gehe alle Erste-Hilfe-Maßnahmen durch, die ich je gelernt habe, während ich hoffe, dass die Sanitäter*innen schnell genug hier sind.

Dann höre ich endlich das entfernte Heulen der Sirenen. Es wird lauter, bis es vor dem Haus stoppt. Die Tür geht auf, und zwei Sanitäter*innen stürmen herein, mit Taschen und Trage ausgestattet. Sie arbeiten routiniert, stellen Fragen, die ich kaum beantworten kann, da ich nicht wirklich weiß, wo Luke war und was er wirklich genommen hat.

Sie untersuchen Luke schnell, heben ihn auf die Trage, schließen ihn an Sauerstoff an und spritzen ihm etwas zur Stabilisierung. Sie heben die Trage an und gehen raus.

~

Während sie ihn hinaustragen, stehe ich da und blicke ihnen nach, die Nachtluft kalt auf meiner Haut. Das Blaulicht blendet, als der Krankenwagen mit Luke davonfährt.

Der Hof wird wieder still, und die Realität kehrt zurück. Der Notarzt steht noch neben mir, er pustet erleichtert Luft aus: „Puhh, also das war schon ganz schön knapp, gut, dass er es noch hierher geschafft hat. Allein hätte er die Nacht vielleicht nicht überstanden." Ich nicke bestätigend.

„Darf ich sie mal etwas fragen? Wie viele Betreuer*innen sind sie hier denn nachts?" Ich sehe ihn an und muss fast lachen, so traurig ist es. „Ich bin ganz allein hier!" Er sieht mich entgeistert an: „Oha, ja Respekt dafür, ihre Arbeit möchte ich ja auch nicht machen. Dann gute Nacht und wahrscheinlich bis bald mal wieder."

Er geht und ich denke über seine Worte nach: „Das ist nicht das erste Mal, dass ich so etwas von einem Notarzt höre, auch die Polizei spricht mir regelmäßig Respekt für meine Arbeit aus. Es ist seltsam, von Leuten Anerkennung zu bekommen, die selbst ständig in brenzligen Situationen stecken."

Ich denke oft darüber nach, wie heftig es eigentlich ist, dass solche Berufsgruppen, die selbst regelmäßig an ihre Grenzen stoßen, so viel Respekt für das haben, was wir tun. Die Polizist*innen, die tagtäglich mit Gewalt konfrontiert werden. Die Rettungssanitäter*innen, die Leben retten müssen, wenn

Sekunden zählen. Und dann ich - inmitten von all dem Chaos der Jugendhilfe, wo es oft keine klaren Lösungen gibt.

Es überrascht mich jedes Mal aufs Neue. Warum zollen sie mir diesen Respekt? Schließlich habe ich keine Uniform, keinen Rettungswagen, kein Blaulicht. Ich arbeite mit Jugendlichen, die der Rest der Welt oft schon aufgegeben hat. Ich habe keine schnellen Antworten, keine klaren Maßnahmen. Aber vielleicht ist es genau das. Vielleicht ist es dieses ständige Durchhalten, die Hoffnung nicht aufzugeben, auch wenn man manchmal selbst nicht mehr weiß, ob es etwas bringt.

Es ist ein komisches Gefühl, diesen Respekt zu spüren. Einerseits bin ich stolz darauf, andererseits denke ich oft: Was bedeutet das für unser System, wenn die Leute, die uns eigentlich entlasten sollten - Polizei, Rettungsdienst - uns so anerkennen, weil sie wissen, dass wir an den Grenzen arbeiten?

Müde gehe ich wieder zurück ins Büro. Es ist erst 2 Uhr nachts und ich bin fertig. Die letzten zwei Stunden waren der Horror. Eigentlich wollte ich das Büro aufräumen, aber dazu habe ich nun keine Energie mehr. Ich mache das Licht aus und schleppe mich ins Bereitschaftszimmer, putze noch schnell meine Zähne und lege mich auf die harte Matratze. Ich hoffe inständig, dass die Nacht jetzt noch ruhig bleibt.

~

Obwohl ich so müde bin, kann ich gar nicht schlafen, jegliche Gedanken gehen mir noch durch den Kopf, warum sind die Eltern von Paula verstorben, wie muss sie sich nur fühlen? Was passiert wohl mit Luke, wird er es überleben?

Ich habe schon so viele Jugendliche auf Drogentrips gesehen, aber so schlimm wie heute war es wirklich noch nie.

Irgendwann fallen mir vor Erschöpfung trotzdem die Augen zu. Ich schlafe unruhig. Ich wache jede halbe Stunde auf und erschrecke jedes Mal darüber, dass ich mich in meiner Arbeit befinde und nicht daheim.

~

Um 4:45 Uhr reißt mich das schrille Klingeln der Krisenhotline aus dem Schlaf. Verschlafen gehe ich ran und reibe mir die Augen, ich versuche schnellstmöglich wieder klar zu werden, denn man weiß nie, was an dieser Hotline so hereinkommt. Ich setze mich aufrecht ins Bett und zücke Notizzettel und Stift.

„Hallo, hier ist die Krisenhotline. Was kann ich für Sie tun?“ Ich merke selbst wie brüchig meine Stimme noch ist, nach den paar unruhigen Stunden Schlaf.

Am anderen Ende der Leitung höre ich einen Mann, der sichtlich aufgebracht ist. Er legt direkt in einem mächtigen Tempo los: „Mein Name ist Schneider, und ich will sofort wissen, was mit meinem Sohn los ist! Ich habe das Sorgerecht, und meine Exfrau hat ihn seit einer Woche nicht mehr zurückgebracht. Ich will wissen, wo er ist!“

Ich atme tief durch. Gerade habe ich noch geschlafen, jetzt habe ich einen wutentbrannten Mann am Telefon, der wahrscheinlich das Jugendamt erreichen wollte, welches natürlich um diese Uhrzeit geschlossen hat.

Sorgerechtskonflikte zwischen Elternteilen sind nicht ungewöhnlich, aber sie gehören nicht in meine Zuständigkeit. „Herr Schneider, ich verstehe, dass das eine sehr belastende Situation für Sie ist, aber ich darf in der Nacht keine Entscheidungen oder Informationen zu Sorgerechtsfragen weitergeben.

Diese Angelegenheiten werden ausschließlich vom Jugendamt geregelt.“

Er wird lauter, seine Stimme bebt vor Wut. „Aber das ist mein Sohn! Ich habe genauso das Recht, zu wissen, was los ist. Sie können mich doch nicht einfach so abwimmeln! Meine Frau hat ihn ohne meine Erlaubnis mitgenommen, das kann doch nicht rechtens sein!"

Ich spüre seine Verzweiflung durch die Leitung, aber meine Möglichkeiten sind begrenzt. „Ich verstehe Ihre Sorgen, wirklich. Allerdings kann ich in dieser Situation in der Nacht nichts für Sie tun. Das Jugendamt ist dafür zuständig und wird sich um den Fall kümmern. Es öffnet um 8:00 Uhr, und Sie können sich dann direkt an die zuständige Person wenden. Für den Moment kann ich Ihnen nur empfehlen, mit Ihrer Frau direkt zu sprechen und eine Lösung zu finden, die besonders für Ihr Kind gut ist, denn das ist das, was am meisten unter dem Streit leidet."

„8:00 Uhr? Bis dahin kann doch sonst was passieren! Und mit meiner Ex spreche ich schon seit zwei Jahren nicht mehr, das geht nicht. Ich verlange, dass Sie sofort etwas unternehmen!"

Seine Stimme überschlägt sich fast vor Wut, und ich merke, dass es schwer wird, ihn zu beruhigen. Aber die Regeln sind klar. „Es tut mir leid, Herr Schneider. Ich weiß, dass das frustrierend für Sie ist, aber ich darf in der Nacht keine Entscheidungen treffen und ich habe auch keine Informationen zu Ihrem

Fall, sie sind an einer Krisenhotline. Nur das Jugendamt kann Ihnen da helfen. Ich empfehle Ihnen, direkt um 8:00 Uhr Kontakt aufzunehmen, dann können Sie die Situation klären."

Er atmet schwer ins Telefon, die Pause ist fast bedrückend. Dann spricht er wieder, leise, aber mit Nachdruck: „Das ist eine absolute Unverschämtheit. Sie lassen mich hier sitzen, während meine Frau wahrscheinlich versucht, mir das Sorgerecht hinter meinem Rücken zu entziehen. Ich werde das nicht auf sich beruhen lassen."

„Ich verstehe Ihre Sorge", sage ich ruhig, „und ich gebe Ihren Anruf gerne weiter, aber mehr kann ich in der Nacht leider nicht tun. Das Jugendamt wird Ihnen morgen helfen können."

„Gut, ich werde mich darum kümmern", sagt er scharf und legt auf, bevor ich etwas erwidern kann.

Das monotone Tuten füllt die Stille des kleinen Bereitschaftszimmers, ich lege das Telefon zurück. Mein Herz schlägt schneller, und ich merke, wie angespannt ich bin. Diese nächtlichen Anrufe sind oft so voller Frustration, Wut und Hilflosigkeit. Ich blicke auf die Uhr. Noch ein paar Stunden bis zum Morgen, bis das Jugendamt sich um die Probleme kümmern kann, die über Nacht immer dringender erscheinen.

Mittlerweile ist es 5:30 Uhr, in einer Viertelstunde wollte ich sowieso aufstehen, es lohnt sich also nicht mehr, nochmal die Augen zuzumachen. Ich strecke mich und fühle mich absolut nicht bereit, jetzt alle Jugendlichen zu wecken, die sowieso nicht in die Schule gehen wollen.

~

8:00 Uhr, ich stehe mehr als geplättet auf der Terrasse an unserem Büro, zwei Stunden unruhiger Schlaf habe mich eher noch müder als wacher gemacht, es war einfach zu viel, ich bin so froh, wenn meine Kolleg*innen mich gleich ablösen.

Ich drücke die dampfende Kaffeetasse in meiner Hand näher an meinen Körper. Es ist mittlerweile später Herbst und langsam wird es frisch, ich ziehe meine Pullover-Ärmel ganz weit über meine Hände. Ich sehe vor zu unserem Blumenbeet und der dazugehörigen Mauer.

Seit heute Morgen um 6:00 Uhr war ich damit beschäftigt, die Jugendlichen zu wecken und aus dem

Bett zu bringen, bei jedem war ich mindestens viermal und habe lautstark verkündet, dass sie jetzt aufstehen sollen, es ist Schule. Einer davon ist tatsächlich in die Schule losgegangen, alle anderen sitzen außen auf der Mauer, allesamt noch müde und verweigern in die Schule zu gehen.

~

Darunter sitzt auch zusammengekauert Emilia. Einige Wochen sind vergangen, seitdem wir sie aufgenommen haben und es ist genau das eingetroffen, was ich befürchtet habe.

Da war dann das Klauen im Drogeriemarkt, der Einbruch in die Scheune, der scheinbar immer stärker werdende Drogenkonsum und wer weiß, was wir sonst so gar nicht mitbekommen haben. Ihre Situation ist hier eher schlechter als besser geworden. Die Spirale dreht sich immer schneller, und sie wird weiter in den Strudel gezogen. Sie selbst weiß wahrscheinlich gar nicht, wie tief sie sich schon in diesem Abgrund verloren hat.

Sie hat sich immer mehr von ihrem vorherigen Leben entfremdet. Nirgends ist sie mehr ganz. Nicht daheim, aber auch nicht hier. Und auch nicht in einer Wohngruppe.

Nirgends ganz - genau da scheint Emilia sich zu verlieren. Zwischen den Möglichkeiten, die das System ihr gibt, und dem, was sie selbst braucht, steckt sie fest. In einer Welt, in der sie immer auf der Suche nach einem passenden Platz ist, an dem sie wirklich ankommen kann. Und vielleicht ist genau das der Punkt: Niemand, der in einer Abwärtsspirale steckt, ist jemals irgendwo ganz - sie hängen immer zwischen den Welten, in denen sie sich nicht zu Hause fühlen.

Ich wende den Blick ab von ihr, hin zu meinem Schreibtisch, ich muss mich nun um das Mädchen kümmern, das heute Nacht gebracht wurde. Es geht wieder von vorne los.

Ende

Nachwort

"Die eine Realität, ist nicht die andere Realität."

Zum Schluss möchte ich, die Autorin dieses Buches, einen Blick auf die Realität werfen, die diesem Roman zugrunde liegt. Seit etwas mehr als zwei Jahren arbeite ich in einer Schutzstelle. In dieser Zeit habe ich einiges erlebt und erfahren. Ich habe all das verarbeitet und in Geschichten verwandelt, um sie mit der Welt zu teilen. Doch warum tue ich das?

Es geht mir vor allem darum, der Sozialen Arbeit die Wertschätzung zu geben, die sie verdient. Besonders im Bereich der Jugendhilfe, der ständig mit Personalproblemen kämpft, ist es wichtig, mehr Aufmerksamkeit auf die Fachkräfte und die Herausforderungen in diesem Sektor zu lenken. Der Druck auf die Mitarbeitenden wächst stetig, und dennoch wird der Einsatz von Fachkräften nicht ausreichend unterstützt – weder finanziell noch strukturell. Schlechte Bezahlung, ständige Überstunden und hohe psychische Belastungen führen zu einer enormen Fluktuation. Viele

Fachkräfte verlassen ihren Beruf nach wenigen Jahren, weil der Druck schlichtweg zu groß ist. Emotionale Erschöpfung und Burnout sind allgegenwärtig – und das in einem Job, der so wichtig ist für den Schutz und die Entwicklung gefährdeter junger Menschen. Die Fachkräfte, die trotz aller Widrigkeiten arbeiten, kämpfen mit der emotionalen Belastung und der Tatsache, dass die Hilfe oft nicht ankommt.

Aber nicht nur das Personal braucht Unterstützung, sondern vor allem die Jugendlichen, die in Schutzstellen (und der gesamten Jugendhilfe) untergebracht sind. Diese Einrichtungen, die eigentlich Schutz bieten sollen, sind für viele eher Orte der Verschärfung ihrer Probleme. Überfüllte Häuser und ein überlastetes System führen dazu, dass die Jugendlichen immer weiter in eine Abwärtsspirale geraten. Sie finden oftmals keinen Halt und keine Anschlussmaßnahmen.

Das System, so wie es jetzt ist, stellt die Bedürfnisse der Jugendlichen nicht in den Mittelpunkt. Es gibt zu wenig qualifiziertes Personal, zu wenig Ressourcen und zu wenig Raum für eine individuelle Betreuung. Oft fühlt es sich an, als würde man nur die Symptome bekämpfen, ohne an die Ursachen heranzukommen. Es ist ein Teufelskreis, der immer enger wird und das Gefühl hinterlässt, dass man nie genug tun kann.

Trotz alledem, oder vielleicht gerade deswegen, gibt es Momente, in denen ich mich erinnere, dass es wichtig ist, weiterzumachen - auch wenn die Veränderungen klein und manchmal kaum wahrnehmbar sind. Jede Geste, jedes Gespräch und jede Bemühung können langfristig etwas bewirken.

Doch um echte Veränderung zu erreichen, muss sich das System dringend wandeln. Wir brauchen eine bessere Ausstattung, mehr Wertschätzung, mehr qualifiziertes Personal und vor allem eine Gesellschaft, die bereit ist, die Verantwortung für diese Jugendlichen zu übernehmen. Dafür braucht es Wissen und Einblick in diesen Bereich.

Ich hoffe also, dass dieses Buch nicht nur unterhält, sondern auch zum Nachdenken anregt, Menschen aus allen möglichen Lebenswelten diesen

Bereich etwas klarer macht und den Blick auf die dringend notwendige Veränderung in der Sozialen Arbeit lenkt. Wir müssen diese Abwärtsspirale durchbrechen, diese Jugendlichen von heute, sind unsere Gesellschaft von morgen.

Danksagung

„Es spielt immer auch ein wenig Glück rein, wo wir reingeboren werden, und dies beeinflusst unsere Zukunft enorm."

Ich lache viel, ich wundere mich viel, ich bin viel erstaunt, ich lerne enorm viel, aber ich habe auch schon geweint.

Die letzten Jahre haben mich nochmal zu einem anderen Menschen gemacht.

Wenn ich dabei eine Sache gelernt habe, ist es die, dass es keine Selbstverständlichkeit ist, wie und wo man aufwächst und dass das einen enormen Grundstein für das eigene Leben legt, den man nur schwer rückgängig machen kann.

Ich wusste immer, Mama und Papa, dass ich bei euch behütet aufgewachsen bin, aber durch die letzten Jahre habe ich es immer und immer mehr zu schätzen gelernt.

Ich habe gelernt, in welchen Privilegien ich aufgewachsen bin und aber auch immer noch lebe.

Jedes Mal nach der Arbeit, kann ich in mein sicheres Umfeld und meine Wohnung flüchten, ich kann aus dieser einen Realität in meine eigene schlüpfen.

An dieser Stelle möchte ich deshalb nochmal danke sagen. Nichts habe ich durch diese Arbeit mehr gelernt, als dass ich wahnsinnig Glück hatte, wie ich aufgewachsen bin. Ich hatte eine intakte Familie und Eltern, die immer für mich da waren.

Danke Mama und Papa, dass Ihr das so toll gemacht habt, dass ihr mich zu dem Menschen gemacht habt, der ich heute bin und dass Ihr mich immer bei allem unterstützt habt.

Ohne Euch wäre ich nicht die, die ich heute bin. Danke, dass ihr mir all meine Werte mitgegeben habt, die mich heute durchs Leben tragen.

Danke Fabian, Du bist der, der sich jeden Tag meine ganzen Geschichten in vielfacher Ausführung anhören muss. Danke, dass Du mir hilfst, immer mal wieder aus meiner sozialen Bubble aufzutauchen und eine andere Perspektive einzunehmen, ohne das könnte ich diese Arbeit nie so gut machen.

Und danke, dass Du für dieses Buch mein härtester Kritiker warst, ohne Dich, hätte ich zwar auch nicht so viel gezweifelt, das Buch (und vor allem das Cover) wäre vielleicht aber auch nicht das geworden, was es jetzt ist.

Danke Manon, dass Du mich im Schreibprozesses dieses Buches immer wieder unterstützt hast, durch Dich habe ich immer wieder Motivation und Antrieb gefunden, dieses Buch weiterzuschreiben.

Danke Julian, Du warst immer der, von dem ich in der Arbeit wahnsinnig viel gelernt habe, ohne Dich würde ich wahrscheinlich keine offenen Fragen stellen. Ich erinnere mich noch an einen Moment, als Du mir ganz am Anfang Mut zugesprochen hast, dass ich meine Arbeit toll mache und dass Du irgendwann sehen wirst, dass ich ein Buch schreibe. Well, here we are. :D

Danke Annabell, für all das Korrekturlesen und Deine ständige Unterstützung und dass Du mir Mut zugesprochen hast.

Danke an meine Freund*innen, danke Tami, Juli, Annika, Petra, Mischa, Esther, Dani, Elias und Simon, dass ihr euch immer angehört habe, wenn ich von Buchideen erzählt habe und mich dabei unterstützt habt.

Danke an meine Kolleg*innen und Chef*innen, die mich bei der Arbeit an diesem Projekt unterstützt und inspiriert haben.

Rechtliche und wissen-schaftliche Fakten:

„Für noch mehr Wissen."

Die Inobhutnahme von Kindern und Jugendlichen erfolgt gemäß § 42 des Achten Buches Sozialgesetzbuch (SGB VIII), wenn eine akute Gefährdung des Kindeswohls besteht, oder das Kind oder der/ die Jugendliche darum bittet. Ziel ist es, den Schutz des Kindes zu gewährleisten und eine sichere Umgebung zu schaffen, während die Ursachen der Gefährdung geklärt werden.

Quelle: https://www.gesetze-im-internet.de/sgb_8/__42.html

Im Jahr 2023 nahmen die Jugendämter in Deutschland insgesamt rund 74.600 Kinder und Jugendliche in Obhut. Dies entspricht einem Anstieg von 12 % im Vergleich zum Vorjahr. Ein Hauptgrund für diesen Anstieg war die Zunahme unbegleitet eingereister Minderjähriger aus dem Ausland, die 2023 etwa 39.300 Fälle ausmachte und somit rund 53 % aller Inobhutnahmen. Gleich darauf folgen Überforderung der Eltern mit 16.582 Fällen und Vernachlässigung mit 7.542 Fällen.

Quelle: https://de.statista.com/statistik/daten/studie/160973/umfrage/anlaesse-fuer-inobhutnahme-minderjaehriger/

Kleines Lexikon:

„Für noch mehr Selbstliebe."

Kathi hat schnell gelernt: In der Sozialen Arbeit geht es nicht nur darum, anderen zu helfen, sondern auch darum, sich selbst nicht zu verlieren.

Hier nochmal all ihre Erkenntnisse aus der Geschichte für Dich zusammengefasst und von der Autorin ergänzt:

1. Abstumpfen: Ein gewisses Maß an Abstumpfung ist bei der Arbeit mit solch belastenden Schicksalen unumgänglich und sogar notwendig. Wenn du jeden Tag mit schwerwiegenden und emotional aufgeladenen Situationen konfrontiert wirst, schützt dich eine gewisse Abstumpfung vor der Überlastung. Sie hilft, nicht von jedem Fall überwältigt zu werden. Doch wichtig ist, dass du diesen Zustand nicht dauerhaft aufrechterhältst. Achte darauf, regelmäßig einen Blick raus aus der Welt zu werfen und dir bewusst zu machen, dass es nicht überall so ist. Es gibt auch andere Realitäten. Das ist wichtig, um nicht vollständig in einem

Zustand der Erschöpfung oder der inneren Erstarrung zu verharren.

2. Die kleinen Dinge: Es ist leicht, sich in den großen, überwältigenden Herausforderungen zu verlieren, besonders wenn man ständig mit schwierigen Situationen zu tun hat. Aber es sind oft die kleinen, unscheinbaren Momente, die das Leben ausmachen. Wie zum Beispiel die Tasse Kaffee am Morgen, oder das Eichhörnchen, das lustig einen Baum hinaufklettert. Diese kleinen Dinge können dazu beitragen, den Tag etwas rosiger zu machen und dir den nötigen Abstand zu den großen Herausforderungen zu verschaffen. Sie sind die kleinen Glücksmomente, die uns daran erinnern, dass es auch schöne Dinge im Leben gibt.

3. Emotionen rauslassen: Es ist völlig normal, emotional zu reagieren, und manchmal ist es auch notwendig, diese Emotionen rauszulassen. Ob du weinst oder dich auf andere Weise ausdrückst – es ist ein Zeichen dafür, dass du noch mitfühlend bist. Es bedeutet, dass du nicht völlig abgestumpft (siehe Punkt 1.) bist, sondern dass du die Schwere und die Auswirkungen der Situationen immer noch spürst. Weinen ist keine Schwäche, sondern ein gesunder Ausdruck deiner Gefühle, der dir hilft, den emotionalen Druck abzubauen und wieder klarer zu denken.

4. Grenzen setzen und Nähe& Distanz: In einem Job, der von intensiven emotionalen oder persönlichen Begegnungen geprägt ist, ist es von größter Bedeutung, klare Grenzen zu setzen. Das bedeutet nicht, dass du weniger empathisch oder engagiert sein sollst, sondern dass du lernen musst, zwischen Arbeit und Privatleben zu unterscheiden. Wenn du zu viel von dir selbst in deine Arbeit investierst, kann das langfristig zu Erschöpfung führen. Stelle dir die Frage: Was unterscheidet meine professionelle Rolle von der Person, die ich privat bin? Trage ich in der Arbeit eine andere Kleidung als zu Hause? Spreche ich anders? Erzähle ich andere Dinge? Diese Reflexion hilft dir, bewusster mit deiner Distanz und Nähe umzugehen und dich vor emotionaler Erschöpfung zu schützen.

5. Kollegiale Beratung: Der Austausch mit Kolleg*innen ist unerlässlich. Du bist nicht allein mit deinen Herausforderungen, und gemeinsam kann man viel besser damit umgehen. Im Team können Erfahrungen, Gedanken und Lösungen geteilt werden, die einem selbst vielleicht noch nicht eingefallen wären. Manchmal kann ein kurzes Gespräch Wunder wirken und dir neue Perspektiven eröffnen. Außerdem schafft es ein Gefühl der Solidarität, wenn man weiß, dass man nicht der/die Einzige ist, der/die sich mit diesen Themen auseinandersetzt.

6. Nein sagen: Nein zu sagen fällt vielen Menschen schwer, besonders, wenn sie das Gefühl haben, Erwartungen zu erfüllen oder anderen helfen zu wollen. Doch ohne klare Grenzen und das Recht, auch mal „Nein" zu sagen, wirst du langfristig nicht in der Lage sein, deine Arbeit effektiv zu leisten und für dich selbst zu sorgen. Es ist ein Prozess, der Übung erfordert, aber mit der Zeit wirst du merken, dass das Setzen von Grenzen nicht nur deine eigene Energie schützt, sondern auch deine Beziehungen stärkt. Denn „Nein" sagen bedeutet nicht, unkooperativ zu sein - es bedeutet, dass du auf dich selbst achtest und dir die notwendige Zeit und Ruhe für andere Aufgaben nimmst.

7. Offene Fragen: Kommunikation ist oft der Schlüssel zu einer erfolgreichen und verständnisvollen Zusammenarbeit. Wenn du ein Gespräch führst, versuche, offene Fragen zu stellen, die zu weiterem Nachdenken und Austausch anregen. Anstatt nur zu fragen „Hast du noch Fragen?", was eine geschlossene Frage ist, versuche es mit „Welche Fragen hast du noch?". Diese offene Formulierung lädt zu einer längeren Antwort ein und zeigt Interesse an deinem Gegenüber. Sie schafft Raum für mehr Klarheit und ein besseres Verständnis.

8. Pausen: Es ist oft schwierig, regelmäßig Pausen einzulegen, besonders wenn der Arbeitsalltag hektisch ist, aber sie machen so viel Sinn. Pausen müssen nicht lang sein, schon ein paar Minuten der Erholung können Wunder wirken. Nutze jeden möglichen Moment oder versuche, dir aktiv Erinnerungen zu setzen, um regelmäßig kleine Pausen zu machen.

9. Psychohygiene/ Selbstreflexion: Den eigenen Geist sauber halten. Das kann alles sein, was für dich gut ist – sei es durch Tagebuchschreiben,

Meditation, Sport oder kreative Tätigkeiten. Es geht darum, einen Raum für dich selbst zu schaffen, in dem du zur Ruhe kommen und deine inneren Ressourcen wieder auffüllen kannst. Selbstreflexion hilft dir, deine Emotionen besser zu verstehen und zu verarbeiten und beugt dem Gefühl der Überforderung vor.

10. Übergaben: Wenn du in einem Umfeld arbeitest, welches Übergaben macht, kann es sehr hilfreich sein, ein Notizbuch zu führen. So gehen keine wichtigen Informationen verloren, und du hast eine verlässliche Quelle, auf die du bei Bedarf zurückgreifen kannst. Ein Notizbuch, wie Kathi es hat, hilft nicht nur, den Überblick zu behalten, sondern sorgt auch dafür, dass du Informationen systematisch festhältst. Diese kleine Maßnahme kann viel Stress und Unklarheiten vermeiden.

Über die Autorin:

Julia Winkler ist Sozialpädagogin in der Jugendhilfe. Seit einiger Zeit schreibt sie. Besonders über die Begegnungen, die ihr in ihrem Alltag passieren und welche Auswirkungen diese auf sie haben. Meist betont sie dabei die positiven Begegnungen:

Bleibende Begegnungen (2024)

Begegnungen zu meinem heutigen Ich (2024)

Diesmal will sie aber auch bewusst auf die Begegnungen aufmerksam machen, die ihr in ihrer Arbeit passiert sind, die nicht immer positiv sind und ihr gezeigt haben, dass eine intakte Familie und ein gutes Aufwachsen nicht selbstverständlich sind.

Mehr über sie auf Instagram:

@bleibendebegegnungen

Notizseiten:

In dieses Buch darf und soll sogar hineingeschrieben werden. Hier können nochmal alle Deine Gedanken Platz finden, die Du im Leseprozess hast. All Deine Ideen, Sorgen, Ängste, Zweifel, all das darf hier stehen und darf (muss aber nicht) geteilt werden, denn dieser Austausch kann sicherlich sinnvoll sein, um ein klein bisschen etwas am System zu verändern.

Ich freue mich auf den Austausch mit Dir!

Julia